新世代建築家《アーキテクト》への道

松尾享浩
Matsuo Michihiro

幻冬舎
MC

新世代建築家《アーキテクト》への道

はじめに

「建築家という仕事に対し、どんなイメージをもっていますか」

面接や会社説明会に参加する学生に対し、私がこのように問うと、「クリエイティブ」「高収入」といった答えがよく返ってきます。

確かに、ゼロから設計図を描き起こすという点ではクリエイティブといえるでしょうし、就活生向けの職業別年収紹介などでは必ず上位に「一級建築士」が挙がってきます。本書を手に取ってくれたあなたも、そんなイメージから建築家に憧れをもっているかもしれません。

国家資格である「建築士」の資格を取得するには、それなりの狭き門をくぐる必要があります。２０２０年度の一級建築士の合格率は10・６％と、ほかの国家資格に比べかなり低くなっています。

そうした背景もあってか、建築家になるには「大学の建築系学科に入るのが大前提」と思い込んでいる人が多くいますが、実は大学を出ていなくとも建築家になることができます。

実際に私は、高卒で建築業界に飛び込み、建築現場で働きながら二級建築士の受験資格を取得、そこから一級建築士の資格取得へとステップアップしていきました。詳しい条件などは本文中で述べていくとして、建築業界で経験を積めば、誰でも建築士の受験資格は得られます。

ただし、建築士の資格を取ったからといって、すぐに活躍できるわけではありません。将来的な独立を視野に建築家を目指す人はよくいますが、独立して成功するには、建築家としての知識やセンス以外にもさまざまな能力が求められます。

では、どんな力を伸ばしていけば世に求められる人材となるのか。今後の社会では、どんな建築家が求められるのか。

その私なりの結論を詰め込んだのが、本書です。

私は現在、住宅の建築とデザインを手掛ける設計工務店「アドヴァンスアーキテクツ株式会社」をはじめ、建築に関わる4つの会社を経営しています。建築家としても、国内ではグッドデザイン賞を3回受賞、海外ではイタリア・ミラノで行われた世界最大級の国際デザインコンペティション「エーダッシュデザインアワード&コンペティション」に3年連続入賞し、そのほかにドイツやフランス、イギリスでもいくつかの賞をいただいてきました。

こうして肩書きや受賞歴だけを切り取れば、華々しく見えるかもしれません。しかし現在地に辿り着くまでの道は決して平坦ではありませんでした。

家が貧乏だったため大学進学などできませんでした。とにかくお金を稼ぐために建築業界に飛び込んだのです。現場で泥にまみれて働きながら、建築士の資格を取得したのち、清水の舞台から飛び降りるような気持ちで独立しましたが、順風満帆の経営とはほど遠く、建築業界ならではの習慣や価値観が壁となって立ちはだかり、倒産寸前まで追い込まれたこともありました。

ただ、そうした悪戦苦闘の日々のなかで「建築とは、誰のためにあるのか」「建築家のあるべき姿とは何か」という建築家の本質を自問自答し続け、私は、ある結論に辿り着きます。

それは、「建築家とは、芸術性や質の高い建築をデザインするだけの者ではない。施主の生活に寄り添う建築を創り出すためには、必要とされる住宅の性能や機能、コスト、建設、施工を一貫してデザインすることはもちろん、施主の人生にいたるまで横断的にデザインする者でなければならない」ということです。これまでとは異なる新たな建築家像として、そのような考えをもつ建築家のことを、私は新世代建築家「アーキテクト」と定義することにいたしました。

「アーキテクト」は、いわば、建築家の目指すべき一つの理想像であり、それが建築家自身のブランディングにもつながります。アーキテクトを標榜して努力すれば世界を舞台に活躍することも夢ではないのです。

本書では、私のこれまでの歩みを通じ、実践的な「アーキテクトとして活躍するためのノウハウ」を惜しむことなく記しています。

本書が、これから建築家を目指す若者や、建築家という夢を胸に秘めつつもなかなか一歩を踏み出せない人、全国の工務店で家づくりに奮戦している経営者とそのスタッフの背中を少しでも押すことができたなら、著者としてとても幸せです。

新世代建築家《アーキテクト》への道　目次

第2章 誰のために、何のために建築するのか

第3章 強く、美しく、適正価格の家を建てるのが、建築家の使命

第4章

設計、施工、デザイン、経営……
すべてを担う人、それが「アーキテクト」

第5章 ニューノーマル時代に求められる「アーキテクト」

アーキテクト【architect】

〈名詞〉

1. 建築家、建築士、設計者
2. 〔the ～〕（…の）考案者、創造者、製作者

〈他動詞〉

～を設計する

プロローグ

人生の、転機――。

それは時に、予想もつかない形で訪れるものです。

2006年の春。

桜の花がちょうど咲き始め、肌をなでるやわらかな風が心地良くて思わず眠くなってしまうような昼下がりに、私の運命は大きく動き出しました。

とあるカフェの扉が開き、そこに現れた1人の紳士。

ハイブランドのジャケットと真っ白なシャツ、細身のパンツを着こなし、黒い革靴は完璧に磨き上げられています。

店の奥にある席へと案内されると、周囲に目を走らせつつ席まで歩を進め、着席。ほどなく出てきた香り高いコーヒーを楽しみながら、持参した経済新聞に目を通したあと、彼は顔を上げ、改めて店内を眺め、小さくため息をつきます。

そしてレジで会計を済ませたあと、カフェのスタッフに対し、尋ねます。

「本当にいい雰囲気のカフェですね。とても気に入りました。いったいどなたが、デザインされたのか、分かりますか。ぜひうかがいたいのですが」

その日の夕方、カフェの店長を通じ、私のもとに連絡が入りました。

「うちのカフェをつくったのが誰か知りたいってお客さまがいましたから、松尾さんの事務所を伝えておきましたよ」

「へえ、そんな問い合わせが。同業者かな。ちなみにどんな感じのお客さまでした？」

「アルバイトが対応したんですが、なんでも〝スマート紳士〟だとか」

「スマート紳士、ですか……」

それから数日後、何とはなしに事務所から外を眺めていたところ、向かいのコインパーキングに、銀色に輝く車が入ってきました。

（お、アストンマーティンだ。あれは旧車かな、かっこいいな……）

ドアを開け、出てきた人物は、事務所のほうへと歩いてきます。

（まさか、うちには来ないよな）

そう思いつつ、自分の机に戻って、新しく建設予定の家の設計図を眺めていると、ほどなくして事務所のドアが開きました。

「こんにちは」

ちょうど事務所には私しかおらず、慌てて入口へ行けば、そこに立っていたのは、先ほどのアストンマーティンの持ち主でした。

成熟した大人の雰囲気と、スマートな装い……。すぐにピンときました。

「もしや先日、カフェでお問い合わせをいただいた方でしょうか」

紳士は少し、目を細めました。

「連絡がいっていましたか。実は今、家を建てようと考えていて、建築事務所を探しています。カフェの雰囲気がとても良かったので、ぜひ一度お会いできたらと思い、おじゃまいたしました」

単刀直入で、無駄のない言葉遣い。穏やかにほほえみつつも、目の奥底には厳しい光があるように私には思え、途端に緊張してきました。

「さあ、どうぞ」

応接用のソファーへと案内する私の声は、少し上ずっていたかもしれません。

こうして桜の季節に、私にとっての大きな転機が訪れたのですが、当時の私は、その出会いに秘められた未来への可能性に気づくことはなく、その日が自分の代表作となる建築の「誕生日」となるなど、思ってもみませんでした。

第1章

夢のない「建築家」という職業

建築士の資格は「足裏の米粒」

建築家を、「特別な職業」であると感じている人は、多いのではないでしょうか。確かに、大学などで専門的な学びを積み重ね、合格率10％前後という難関の国家試験を突破してようやく一級の資格が取れるという点においては、特別であるといえるかもしれません。

ただし、建築の資格をもった建築士自体は、まったく特別な存在ではありません。公益社団法人日本建築士会連合会の資料によると、建築士の数は毎年じわじわと増え続けており、ここ10年で4万人ほど増加しています。一級建築士の数は２０１９年４月時点で、37万３４９０名です。

そして２０２０年には、団塊の世代の退職でもたらされる建築士の減少を抑えるべく、建築士の受験資格が緩和されたため、より登録者が増えると考えられます。

ちなみに全国における設計事務所の数は、２０１１年時点で11万４９８３軒。古いデータではありますが、建築士の数が徐々に増えてきていることを鑑みれば、設計事務所の数も、そう大きく減ってはいないと推測されます。

仮に10万軒が残っているとしても、全国におよそ5万店といわれるコンビニの倍の数、設計事務所が存在することになります。

一方で、建築家が活躍する場は、徐々に減りつつあります。

住宅業界でいうと、ここ10年の平均で、毎年90万軒の住宅が着工されましたが、今後5年でその数は75万軒になり、10年後には63万軒、20年後には50万軒とほぼ半分の水準まで落ち込むといわれています。

すでにその兆候は表れており、私の周りでも、仕事を獲得できずに倒産に追い込まれている設計事務所や工務店がいくつかあります。

近年は、一級建築士の資格に対し、建築業界ではよく「足裏の米粒」と揶揄します。すなわち「取っても食えない……」資格であるというわけです。

建築家にとって、すでに厳しい冬の時代が始まっている。

その現実をまず、知っておく必要があります。

そんな状況のなか、「設計図が描ける」「家のデザインができる」だけの建築家は、どんどん淘汰されていきます。

いい仕事をしていれば、いつか世の中から認められ、仕事が来るようになる。そんな受け身の姿勢では、もはや食べてすらいけないのです。

では、新たな時代に、建築家として活躍するには、何が必要なのか。

この問いは、私自身がずっと抱えてきたものにほかなりません。

そしてようやく今、問いに対する答えを出すことができました。

新時代における、新たな建築家の在り方。

それが、お客さまの生活、そして人生に寄り添い、必要とされる住宅の性能や機能、コスト、建設、施工、未来の暮らしまでデザインするとともに、経営者として自社や自身のマーケティングまで広く手掛けることができる人です。

私はそれを「アーキテクト」と定義し、設計図を描くだけの「建築家」とは呼び分けています。

思えば、私のこれまでのキャリアのすべては、アーキテクトという在り方を導き出すための伏線となっていました。この新たな概念が形を成し、自らの信念へと昇華するまでの間には、本当にたくさんの壁があり、悪戦苦闘してきました。

そんな私の人生のストーリーを通じ、アーキテクトという概念の本質を明らかにしていくとともに、建築業界の悪癖や、建築家という仕事の現実など、業界の姿を赤裸々に伝えていきます。建築の世界で生きるとはどういうことか、活躍するには何が必要か、といったヒントをつかんでくれたなら、本当にうれしく思います。

給食費が払えないほど貧乏だった

私が建築の道を志すようになった原風景を辿っていけば、幼少時の経験からすべてが始まっているように思います。

家が貧乏だったため、一刻も早く大人になり、働きたいと考えていたのが、人生の選択に影響しています。

父は長距離トラックのドライバーで、根っからの自由人。全国をトラックで旅行しながら働いているといった感じでした。親分肌で、人望が厚く、頼まれれば断れない人の良さがあり、そのせいで何度も保証人になっては、逃げられて借金を背負っていました。私と姉の生活費や学費は、母が紡績工場で働いてなんとか工面していましたが、それでは月々の返済額に到底追い付かず、うちの家計はいつも火の車でした。

ただ、だからといって当時の私は、父を恨んでいたわけではありません。むしろ父のことが大好きでした。本質的には、真面目で不器用で、気のいい人であると、幼心に分かっていたのでしょう。

父はたまに帰ってくると、私をよくトラックに乗せ、遠くに連れて行ってくれました。夜中に出発し、明け方に市場で一緒に野菜や魚をトラックに積み込んだのはいい思い出で、一時は自分もトラックのドライバーになりたかったことを思い出します。

とはいえ、経済的な面では父は本当に頼りにならなかったというのは事実であり、小学校に上がると、私と姉はそれなりに大変な思いをするようになりました。

ある日の朝、母に給食費をもらいに行くと、母は黙って首を振ってから、か細い声で言いました。

「どうか、耐えてね」

私は学校に行き、担任の先生に「給食費が払えない」と伝えたところ、先生は烈火のごとく怒り、私の胸倉をつかんで吊り上げました。

「いいか、こんなに安い給食費が払えないわけないやろが。お前が使ったのに違いない！正直に言え、使ったんやろう！」

そこで容赦のないビンタが、私の頬を打ちました。

別の日の夕方、家で姉と2人で母の帰りを待っていると、玄関のドアをどんどんと叩く音がしました。

「松尾さん、おるんやろ！　さっきから音してるから分かっとるんやで。払わんかい、借金！」

どんどん、どんどん。

「お金、返してくれな、困るんや！　聞こえてるんやろ！」

どんどんどん、どんどんどん。

私と姉は、押し入れの中に隠れ、ただ膝を抱えて震えていました。

（お金さえ……お金さえあれば……こんな思いをしなくてもいいのに……）

サーフィンと出会い、海を愛す

中学に上がり、家の事情が分かってくると、さすがに私も父に腹を立てるようになりました。

そして、父が帰ってくるたびに、いらだちを直接ぶつけました。

「なんで借金なんかするねん。頼むからもっと家にお金を入れてくれよ！」

父はいつも、そんな私を前に、ただ黙っていました。いくら文句を言っても、「やかましい」などと怒鳴ることもなく、静かに私の言葉を受け入れていました。

思春期の私は、次第に荒み、悪い仲間ともつるむようになりました。

しかし、それでも非行へと走らずに済んだのは、サーフィンと出会ったおかげが大きかったと思います。

お昼のパン代100円を貯めてつくった2000円で、先輩からサーフボードを買い、海へと繰り出すようになりました。

海に入っていると、心を無にすることができました。

目の前に広がる大海原と、海面のうねり。自分ではコントロールできない、とてつもなく大きな力の一端が、波という形で眼前に現れます。それに対し、いかに自らの動きを添わせ、サーフボードを操るか……。一筋縄ではいかぬ難しさと奥深さの虜となるのに、そう時間は掛かりませんでした。

ウエットスーツを買うお金などありませんから、いつも短パンとTシャツ姿で、波に挑んでいきました。夕方、完全に暗くなるまで海に入り、そこから陸に上がって着替え、サーフボードを持ち運ぶためのケースを寝袋代わりにして宿泊。明け方に起きだして、再び海へと向かうということもよくありました。

現実から離れ、自然と、波と、ひたすら向き合うその時間は、私にとって代えがたいものでした。

サーフィンのほかにもう1つ、私の心を静めてくれたものがあります。

それは部活として始めた、柔道です。

礼に始まり礼に終わるという武道の精神と、厳しい上下関係、日々の身体の鍛練は、私の気持ちを強くしてくれました。

そうしてサーフィンと柔道に打ち込んでいる日々のなかで、実は建築業界への関心を抱くきっかけとなった経験がありました。

サーフィンに出掛ける交通費などを稼ぐべく、私は当時から、父の友人の手伝いをして、小遣いをもらっていました。中学3年の夏休みには、住宅の骨組みである鉄骨の組立てをする鳶《とび》の仕事を手伝ったのですが、3階建ての高さまで上がり、そこから下を眺めた時に、感動しました。

「何もないところから、こんなに大きなものができていくんか」

それ以来、ものづくりに対する興味が芽生え、「職人になって建築業界で働くのも悪くない」と思い始めたのでした。

一念発起で、公立高校の建築科を目指す

受験期に入ると、悪友たちと真面目な友人たちとの間に、明らかな壁ができました。今までと変わらず享楽的に過ごす悪友たちに比べ、真面目な友人たちは受験勉強に精を出すようになり、学校の雰囲気が変わったのです。

卒業してすぐに働くつもりであった私は、勉強などまともにしたことがなく、高校受験にも関心がありませんでした。ただ、だからといって悪友たちと親交を深め、同じように遊ぶのも、あまり気乗りしませんでした。

そうして宙ぶらりんであった私に、ある日、真面目な友人がこう声を掛けてくれました。

「まっちゃん、高校くらいは出ておいたほうがいいよ、一緒に勉強しよう」

誘ってくれた気持ちがうれしくて、私は一度、真剣に受験について考えてみました。

(働くのはいつでもできるか……。どうせほかにやることもないし、ちょっと勉強をしてみるか)

とはいえ高校に進むには、先立つものが必要です。自分の一存だけではなんともなりません。

母に気持ちを話したところ、喜んではくれましたが、やはりお金がないとのこと。

それでも「学費の安い、公立高校であればなんとかする」と言ってくれ、私の気持ちは次第に受験に傾いていきました。

受けるのは、公立の1校のみ。落ちたらきっぱり諦め、就職する。

自分でそう決めて、8月から本格的に勉強を始めました。

そして私が目指した高校が、たまたま家からほど近くにあった公立高校の、建築科でした。その時点では、「建築家になろう」などと考えていたわけではありません。鳶の仕事を手伝った際に、3階建ての高さから望んだ景色……。その爽快さと、ものづくりに対する興味から、何とはなしに選んだだけです。

思えばもし、鳶の手伝いをしていなかったら、真面目な友人が勉強に誘ってくれなかったら、近所の高校に建築科がなかったなら、建築の道へ進むことはなかったでしょう。逆にいうと、過去の偶然を必然と思えるようになったら、それが今の自分の人生に満足している証かもしれません。

結果的に、私は無事に受験を乗り越え、高校に入学することができました。

稼ぎたくて飛び込んだ、建築業界

高校生活は、とても充実したものでした。

団体スポーツを試してみたくてサッカー部に入ったのですが、見事にサッカーにはまり、高校3年の時には主将を務めるほど熱中しました。一度物事を始めると徹底的に極めたくなる性分は、この頃から変わっていません。

そして何より、建築の世界は私が考えていたよりもずっと深遠で、面白いことが分かりました。建築の歴史を学び、実際に設計図を描き、住宅の模型を作り……。授業を通じ、その魅力の一端を理解できました。

最もうれしかったのが、日本ＹＭＣＡ同盟が主催する設計の全国デザインコンクールで入選を果たしたことです。「森の中にあるキャビン」というテーマで、木を切らずにいかに建築をつくるかを考え、私のデザインは分棟にした家を通路でつなげるというもので、一風変わった形をしていたのが受賞につながったと記憶しています。学校のある大阪府堺市から東京まで表彰式に出掛けて建築家の清家 清さんに賞状をもらい、地元の新聞にも載ったのが、今でもいい思い出となっています。

こうして賞をもらったことに加え、元来の手先の器用さから模型作りや設計図の作成が誰よりも早くできたり、建築で求められるロジカルな思考が得意だったりしたこともあり、私は次第に自信を深めていきました。

「もしかすると私は、建築家に向いているんじゃないか。もっと自分の可能性を試してみたい。なりたい……建築家になりたい！」

人生で初めて、夢ができました。

建築家を目指すなら、大学の建築学科で専門的な学びを行ったあとに資格を取るというのが一般的なルートであるのは、当時も今も変わりません。

しかし私は、そのゴールデンルートに向かうことはありませんでした。

高校まで行かせてもらっただけで、もう十分でした。

自分の夢はさておき、まずは一刻も早く自分が働いて、家にお金を入れ、母を助けたい。

少しでも多く稼いで、家を支えねばならない。

そんな思いがありました。

幸いにも校内では首席の成績を収め、学校からの推薦を得られたので、就職先には困りませんでした。

私はとにかく、給料が高い会社を探しました。

地元の設計事務所などが求人を出していましたが、高卒の給料はとても低く、アルバイトと変わらぬ程度でした。どこも似たような条件が並ぶなかで、最も初任給が高かったのが、一部上場企業であったA社でした。

A社は、ビルやホテルといった大型の建物を扱う、大手ゼネコン会社です。空港や道路、港といったパブリックな工事にも参画しており、まさに「地図に残る仕事」ができる会社でした。

「ここに入ればきっと、大きな建物に携われる。設計図を描くチャンスも、いつか巡ってくるかもしれない」

建築家の夢を胸に秘めつつ、私はこうして、社会への一歩を踏み出しました。

建物は、「建てて終わり」ではない

A社では、施工管理部門に配属されました。一応「設計をやりたい」という希望は事前に伝えていたのですが、自分としても、もちろんいきなり好きなことをやれるほど甘くはないと分かっていたので、落胆はしませんでした。

まずは与えられたポジションで、しっかりと結果を出さねば。

そう考え、ひとまず設計のことは忘れて、目の前の仕事に没頭しようと決めました。

私が担当することになったのは、建設工事の現場監督でした。

現場監督の役割は、工事のスケジュール管理や、品質と安全の確保、工事費用の調整など、多岐にわたります。ゼネコンなどの大きな会社では、扱う工事の規模も大きいため、1つの現場に10名以上の現場監督が入ることも珍しくなく、それぞれのレベルに応じて、仕事が振り分けられます。

私が初めて携わったのは、ゴルフ場を併設した高級ホテルの建設でした。予算が40億円を超えるビッグプロジェクトで、現場監督が10人ついて、施工管理を行っていました。

ベテランの先輩について、私は現場監督という仕事を学んでいきました。

最初の頃によく任せられたのが、「墨出し」。墨つぼという道具を使い、設計図を基に、壁や柱、窓などを設置するための基準となる墨の印を付ける作業です。

毎日、毎日、あらゆる場所に墨を打ちつつ、現場で飛び交う建築用語をノートにメモし、覚えていきました。

巨大な建造物という非日常の「ものづくりの現場」は、中学の時に抱いた予感どおり、熱があって面白いものでした。

当時はまだ18歳でしたが、同期は大卒や院卒の年上ばかり。しかし元来の負けず嫌いから、むしろ燃えて仕事に向かっていきました。

現場監督という立場だと、自分の父と同じ年代の職人さんに指示を出して、動いてもらわねばなりません。言い方を誤るとすぐにけんかになり、職人さんに気持ち良く仕事をしてもらうことの難しさを感じましたが、一方ですばらしい技術を見せられたときなどは感動し、質の高いものが完成すれば爽快な気持ちになりました。

この現場には結局1年半いましたが、若さにものをいわせ、現場にあったプレハブ小屋にずっと寝泊まりし、仕事に没頭しました。担当地域の所長にはずいぶんかわいがってもらい、毎晩街へと繰り出したのは、いい思い出です。

その後も、関西を中心に、大きなビルやマンションの現場を渡り歩き、経験を積んでいきました。

A社という大会社で、パブリックな建築に携わったからこそ学べたことはたくさんありましたが、なかでも「建ったあと、人はその建物をどう利用するのか」という視点から建築を見る習慣がついたのは、大きな財産でした。

建てて終わりではなく、末永く使い続けられる建物を建てる――。

そうした建築家として重要なポリシーを、身につけることができました。

高卒でもチャレンジできる、建築士の資格

A社に入って、5年の月日が経ちました。

その間に、私は二級建築士の資格を取りました。

ここで、建築士の資格について、簡単にまとめておきます。

建築家が取得すべき建築士の資格は、一級、二級、木造の3種です。それぞれの資格により、設計できる内容が建築基準法で次のように定められています。

【一級建築士】
1：学校・病院・劇場・映画館・公会堂・集会場・百貨店の用途に供する建築物で、延べ面積が500㎡を超えるもの
2：木造建築物または建築の部分で、高さが13ｍまたは軒の高さが9ｍを超えるもの

3：鉄筋コンクリート造、鉄骨造、石造、れんが造、コンクリートブロック造もしくは無筋コンクリート造の建築物または建築の部分で、延べ面積が300㎡、高さが13m、または軒の高さが9mを超えるもの

4：延べ面積が1000㎡を超え且つ階数が2階以上のもの

【二級建築士】

1：学校・病院・劇場・映画館・公会堂・集会場・百貨店などの公共建築物は延べ面積が500㎡以下のもの

2：木造建築物または建築の部分で高さが13mまたは軒の高さが9m以内のもの

3：鉄筋コンクリート造、鉄骨造、石造、れんが造、コンクリートブロック造もしくは無筋コンクリート造の建築物または建築の部分で、延べ面積が30㎡−300㎡、高さが13mまたは軒の高さが9m以内のもの

4：延べ面積が100㎡（木造の建築物にあっては、300㎡）を超え、又は階数が3以上の建築物（ただし、第三条の二第三項に都道府県の条例により規模を別に定めることもできるとする規定がある）

【木造建築士】

1：木造建築物で延べ面積が300㎡以内、かつ2階以下のものを設計・工事監理ができる

一級建築士は国土交通大臣から免許を受けるのに対し、二級建築士と木造建築士は都道府県から免許を受けます。一級建築士は基本的になんでも設計することができますが、二級建築士と木造建築士は、それぞれ設計可能な建物に制限があります。

最高峰の資格である一級を受験するには、大学や短大、専門学校などで指定された建築専門学科を卒業するか、二級建築士または建築設備士といった下位資格を取得する必要があります。私のように工業高校卒であっても、二級さえ取得できれば、一級へと歩を進めることができます。

建築業界ではびこる不正に、幻滅した

私が受験した当時、二級建築士は、指定学科を修めて中学または高校を卒業したうえ、3年以上の実務経験がないと受験資格が得られませんでした。しかし2020年に受験要

綱が緩和され、実務経験がなくても受験が可能となりました。ただし、そこから実際に免許を取得するには、2年以上の実務経験が必要です。なお、大学や短大、専門学校などの建築系の指定学科を卒業した場合には、実務経験なしで受験できますが、免許登録にはやはり2年の実務が求められます。

私は二級建築士と併せて、二級建築施工管理技士の資格も取得しました。これは将来を見据えてというより、両方取得すればさらに資格手当がつき、給料が増えるというのが大きかったのですが、施工管理の専門知識もまた、独立後の武器となりましたから、人生には無駄な経験などないのだなと思います。

2つの国家資格を取るには、当然勉強が必要です。

当時は現場を渡り歩き、現場で寝泊まりする毎日であり、加えて朝はしょっちゅうサーフィンに出掛けていましたから、勉強できる時間は夜しかありません。先輩やお世話になっている職人さんからの飲みの誘いも無下にはできず、よく夜の街に行きましたが、どんなに飲まされても、勉強で自分に課したノルマは必ずこなしました。

そうしてついに、建築士の肩書きを手に入れたのでした。

仕事でも会社からそれなりに評価を受けて現場主任というポジションにもつき、キャリアとしては極めて順調だったと思います。

しかし実はその頃、私は初めて、将来に対する不安を感じるようになっていました。

5年も現場にいると、面白さややりがいだけではなく、建築業界の嫌な部分も見え出してきます。

当時は現場での発注や支払いが行われていたために、現場の裁量にて予算管理が行われていました。ごく一部の上司については、多額の予算を動かせることをいいことに、業者と癒着して資金を捻出するといった不正の噂も耳にしていました。その一部は上司の懐に入ったこともあったかもしれません。

これはA社に限った話ではなかったとは思います。もちろん、多くの上司は本当に素晴らしい方たちが多かったので、余計にこの不正が頭に残り、離れませんでした。

現場監督というキャリアの先にあるものが、汚いことをやっているのを間近で見るたびに、情けなくなりました。

(努力して上り詰めても、成れの果てがこの姿か……。このまま会社にいたら、きっと自分もまた同じように不正に侵され、腐っていくんやろな)

自らの将来がどんどん色褪せていくように思え、途方にくれました。

安定をとるか、正義をとるか

それでも仕事を続けたのは、収入のためでした。

当時は、給料のほぼすべてを家に入れていましたから、私が辞めてしまえば母に再び苦労を掛けることになります。辞めるにしても、せめて同じくらいの収入が得られる新たな就職先を探す必要がありましたが、高卒で20代前半の若者を好待遇で迎え入れてくれる会社がそう都合よくあるはずもなく、辞められなかったというのが正直なところです。

私のモチベーションが明らかに下がっているのを見抜いたのか、ある日、会社から新たな辞令が下りました。

〈平成8年4月1日付をもって、大阪支社積算部勤務を命ずる〉

施工管理ではなく積算部門に配属されたことに、驚きました。

積算とは、建築業界に特有の職種であり、設計図や仕様書を基に必要な材料や素材の数量を算出し、建物を建てる実行予算を割り出します。

「現場仕事じゃなくて、内勤かぁ……」

なぜそんな辞令が出たのか、上司を通じ人事部に確認したところ「この先必ず、積算の知識や経験が必要になるから」との回答がありました。

その時は「辞めるのを防ぐための方便だ」と思いましたが、実際にやってみると、積算の知識は確かに有益なものであると分かりました。

プロジェクトごとのお金の流れ、資材の原価、人件費の配分……。そうした具体的な情報を得られたことが、のちの独立の際にも大いに役立ちましたから、物事はどう転ぶか分からないものです。

なお、現場主任というポジションにあり、同期のなかでも目立った存在であった私は、高卒だったせいか、同期より給料がはるかに安くなっていました。それを不満に思い、大阪支社に対して「なぜ今時、年功序列なんだ、年俸制にしてください」と交渉した結果、同期以上に給料を上げることができました。

それでもやはり、不正がはびこっている現実に対し、目をつぶることはできませんでした。「このまま会社に居続けると、私もいつか不正に加担させられ、だめになる」そんな思いが拭いきれませんでした。

大企業の安定をとるか、それとも自分が正しいと思える道を探すか……。

私の心は、五里霧中の状態にありました。

年功序列の順番待ちをする余裕などなかった

迷いが続くなか、私は改めて、自分が将来どうなりたいのか見つめ直しました。

建築家になりたい。

その思いは、変わらず胸のなかにありました。

A社にいて、一級建築士の資格を取得すれば、きっと社内の設計部門に配属されるチャンスは来るはずです。ビルやホテルといった大物の建築に、現場監督としてではなく、設計士として携わることができるでしょう。

では、果たして自分は、大物の設計がしたいのか。

「地図に残る」ような規模の仕事は、確かにやりがいがあるものです。

ただ、そうした設計の主体はあくまで会社であり、私自身が直接、その場所を使うお客さまたちと触れ合えるわけではありません。建物が大きいほど、設計者とお客さまとの距離もまた遠くなるように思えました。

建築家になって、向き合うべきこと。

それはきっと、建築を通じ、自分のような貧しい家庭の助けとなることではないか。歴史に残る大建造物の設計書に、多くの建築家の1人として名を刻むより、家庭のささやかな幸せを守る小さな家をつくるため、1人の建築家として万全を尽くす。そんな「身近な建築家」になるほうが、自分の理想に近いのではないか。

そう考えるようになりました。

そしてやはり、不正や汚れ仕事に手を染めることに、どうしても抵抗がありました。

ネックとなっていたお金の問題は、相変わらず残ったまま。家に給料のほぼすべてを入れていたにもかかわらず、むしろ借金は増えていました。その理由は、父が交通事故にあったこと。飲酒運転の車に突っ込まれ、新たに買ったばかりのトラックが大破したのです。幸い身体は無事でしたが、家計は完全に行き詰まりました。

自分がいくら働いても、その対価は借金返済に消えていく……。

この生活から、なんとか抜け出さねばならない。自分のためにも、親のためにも、借金を重ねる悪循環を断ち切る必要がある。

もはや、大企業で年齢順に並んで昇進を待っている余裕はありませんでした。

少しでも早く力をつけ、建築家として独立し、成功しなければ。

そうして真剣に、転職先を探し始めました。

「必ず会社の利益を上げてみせる」と宣言

転職にあたり、最も重視したのは「給料が変わらない」という点でした。ちょうどこの頃に結婚が決まったこともあり、絶対条件といえました。

家づくりに関心があったので、地場の工務店や設計事務所を中心に探したのですが、当然のごとく、一部上場企業のような給料で募集をかけているところなどありません。

新聞の折り込み広告に出ていた工務店の一社が、「月給40万円から」という最も高い条件を謳っていたので、ひとまずそこを当たってみることにしました。

面接に行き、自分の条件をストレートにぶつけました。

「月収は、募集の1・5倍はいただきたいです」

「いやあ、24歳の若さで、大卒でもないのに、その給料は出せないでしょ……」

「二級建築士と、二級建築施工管理技士の資格だってあります！」

そう言いつつ、私は鞄から給与明細を取り出し、当時の社長に渡しました。

「今の職場では、これだけもらっています。同じ条件であれば、こちらに入社してもいいと思っています」

「しかし、これだけの給料をとるなら、相応の仕事してもらわないとあかんぞ」

「もちろんです。御社に入ったなら、必ず社全体の利益を上げてみせます。約束します」

自信満々にそう断言しましたが、今思えば、何の根拠もないのによくそこまで言えたものだと思います。

結果的に強気の姿勢が幸いしたのか、前職と同じ給料で採用してもらえました。

こうして1997年、私はA社を退社し、南大阪の工務店であるB社へと勤めることになりました。

ここで、工務店という存在について簡単に触れておきたいと思います。建築業界には、さまざまなプレイヤーがいます。建設会社、ゼネコン、サブコン、メーカー、そして工務店……。これらは、会社の規模によって呼び分けられることが多く、建物を建てるという役割の本質的な違いはありませんが、やはり大規模な工事は大手しか引き受けられず、逆に個人住宅のような小規模な工事は、中小の業者が中心となって担当しています。

工務店は、建設現場におけるあらゆる作業を請け負う業者です。工事全体の工程から協力業者の差配まで、施工を全般的に管理します。

日本では昔から、木造建築の施工を行う「大工の棟梁（親方）」が、設計から協力業者の差配まで、あらゆる役割を担ってきました。この棟梁がもととなり、工務店という組織に発展していきました。

近代に入ると、工務店にもさまざまなタイプが現れてきました。大きく分けると、次のようになります。

【施工重視型】
施工のスペシャリスト。基本的には施工しか請け負わず、設計が必要な際には外部の建築家に依頼する。

【設計重視型】
建築のデザインに力を入れる工務店。設計力を重視し、建築士を雇ったり、外部の設計事務所と協業したりする。

【棟梁型】
職人上がりの大工の棟梁が、設計から工事まで手掛ける、昔ながらの工務店。棟梁の腕次第で、質が大きく左右される。

【下請け型】
特定のハウスメーカーやデベロッパーからの仕事を専門に受ける。親会社の100％出資による子会社が多い。

これはあくまで一例であり、実際にはより細かな得意分野や役割があります。
そして私が就職を決めたB社は、【棟梁型】と【下請け型】が混合した会社でした。

現場監督という名の、召使い

B社は、ローコスト住宅をメインに手掛ける親会社C社の100%出資子会社であり、2000万円、3000万円台の注文住宅を請け負っていました。従業員は10名ほどで、規模としては小さな工務店でした。だからこそ設計ができるチャンスが巡ってきやすいだろうし、会社の経営についても学べると私は考えていました。

B社が本社を構える南大阪地域は、およそ300年の伝統を誇る「だんじり祭り」が行われる地。地域の子どもは、母のお腹の中にいる頃からだんじりのお囃子を聞き、生まれ育つため、祭りにかける熱意には並々ならぬものがあります。勇壮な祭りの担い手ということで、どちらかといえば気性の荒い男性が多い地域です。特に建築業界にいる人は、腕っぷし自慢ばかりのように思います。

そんな従業員たちをまとめ上げているB社の社長は、見た目からしてずいぶん強面であり、実際にとてもプレッシャーの強い人で、従業員たちから恐れられていました。

私も、入社にあたり「設計がしたい」と社長に伝えたところ、「現場監督だったやつが、いきなり設計で飯が食えるか」と厳しく一蹴されました。

そして入社後には、実際に現場監督の仕事を任されることになりました。

ただし、A社で行っていた現場監督業と、工務店での現場監督業は、その内容にかなりの違いがありました。

これまでの仕事と同様、全体像を描き、予算を組み、スケジュールを管理し、品質チェックを行うといった監督業務に加え、現場での作業もこなす必要がありました。

例えば、大工さんの御用聞き。「材料が足りない」と言われれば、すぐに揃えて持っていかねばなりません。ゴミ集めとその処理も、重要な役割です。ダンプの2トン車を与えられ、それに木材や石膏ボードといった現場のゴミを載せ、捨てに行きます。

「これでは、現場監督という名の召使いやな……」

愚痴をこぼしたくもなりましたが、それが会社のルールでしたし、実際に現場監督がそうした作業をこなさねば経営が回っていかないというのが、小さな工務店の実情であると次第に分かってきました。

そうして数週間、与えられた役割を粛々とこなしていたところ、社長から声が掛かりました。

「松尾、明日から、現場を1つ任せるからな」

これが自分の試金石になると、私は瞬時に理解しました。

私が任されたのは、1億円の大豪邸でした。仕事の難易度も高く、普通なら新人が任されるような案件ではありません。そこに私は、社長の期待を感じました。

プレッシャーはありましたが、むしろ望むところです。

これを完遂すれば、きっと社内の信頼が上がるはず。

そう考え、張り切って準備にあたりました。

初めて任された現場で、社長と大げんか

迎えた、工事初日。

すがすがしい青空のもと、現場に響き渡ったのは、私と社長との、怒鳴り声でした。

「言うこと聞かんかい！　ここのやり方を変えろって言ってるんやろ！」

「いや、それよりも絶対、このやり方がいいんです！」

「お前、社長の言うことがなんで聞けないんだ！」

「聞けません。どう考えてもこちらのほうが合理的です！」

「お前、なめてんのか！」

「なめてません。でも、一度現場を任せたんなら、口出ししないでください！」

殴りかからんばかりに、顔を寄せて怒鳴り合う2人。

「何事か」と集まった従業員たちは、「松尾はいったい、何をやらかしたんだ」というような驚いた目で、遠巻きにそれを眺めています。

けんかの原因は、私なりに万全を期した施工計画に対し、社長がその変更を強要したことにありました。

誤解のないようにお伝えしておくと、社長のやり方でも、私のやり方でも、問題なく建物は建ちます。いわば「どの道を通って目的地へと行くべきか」という議論であり、どちらかが間違っていたわけではありません。

根っからの技術者である社長は、自らのやり方に対するこだわりが強く、一度決めたらてこでも動かぬ頑固さがありました。

一方の私もまた、頑固さは筋金入りです。加えて面接で「会社の利益を上げる」と約束したこともあり、「悪いところは正し、新たな手法をどんどん進言する」というのが自分の役割であると信じていました。

信念と信念がぶつかれば、けんかになるのは必然です。

結局その時は、社長とは物別れに終わりましたが、翌日改めて社長のところへ行き「何があっても自分で責任を取るので、やらせてほしい」と頭を下げてお願いして、なんとか許可を取り付けたのでした。

私の側からすれば、自分なりの正義感で「前向きな衝突なら、恐れるに足らず」とばかりに、一歩も引かなかったわけですが、それまで従業員から意見すらほとんどされてこなかった社長としては、ずいぶん面食らったと思います。

自らに芯がなければ、人は動かせない

こうして入社1カ月も経たずにいきなり社長と大げんかをした私は、「ずいぶん尖ったやつが入ってきた」と、期せずして一目置かれるようになりました。

しかしだからといって、気性の荒い従業員たちが、素直に私に従ってくれるようになったわけではありません。現場監督という仕事を満足にこなすには、自分よりも一回りも二回りも年上の従業員や大工さんたちに指示を出さねばなりませんが、互いのこだわりが原因で、しょっちゅうけんかになりました。

そんな経験を通じて、分かったことがあります。

〝自らに芯がなければ、人は動かせない〟

これはいまだに私の心に刻まれており、芯の通った人間であろうと努力する源となっています。

ここでいう芯は、「一貫性」と言い換えてもいいでしょう。

言うことがいつも違ったり、言葉と行動が伴っていなかったりする人間は、信頼されません。そして、信頼できない相手の言うことに従う人はいないのです。

言動一致を徹底し、常に一貫性をもっているというのは、人の上に立つための大切な条件であるというのが、私の結論です。

そのように自らの核の部分を保ちながらも、本来なら相手の立場を考慮し、気持ち良く仕事をしてもらうように言い回しや伝え方を工夫しなければならないのですが、当時の私にはそこまでの器用さはなく、真正面からぶつかって解決していくほうが多かったのです。

そんな日々が続きましたが、不思議と嫌な気持ちにはなりませんでした。

社長も従業員も男気があり、過ぎたことをとやかく言う人は1人もいませんでした。どんなに激しく衝突しても、次の日には笑って肩を叩き合える。そんなすがすがしさがあり、私はそれを居心地良く感じました。むしろぶつかるたびに、社長や同僚との心の距離が縮まっていき、私はどんどんB社が好きになっていきました。

3年で「次期社長候補」となる

自分が面接で口にした、「会社の利益を上げる」という約束——。

私は常にそれを意識しながら仕事を行い、会社をより収益の出る構造にするためにはどうすればいいか、考え続けていました。

A社では、業務は細かく割り振られ、それぞれの担当がこなす役割が明確になっていました。だからこそ、数百人が同時に働いているような現場であっても、混乱なく効率的に作業を進めることができたのです。

それに比べるとB社の業務は、各人がそれぞれの裁量で動いている部分が多く、それが時に業務の停滞や無駄な作業の発生へとつながっているように思えました。

こうした粗は、プロジェクトの全体像を管理する現場監督という立場だからこそ見えるものにほかなりません。

私は、A社で学んだ管理手法を活かし、各人の作業を明確に定めたうえで、業務の効率化を行うことにしました。各工程を効率化していく過程で、それぞれが苦労していた点や、不満を感じていた作業を改善でき、結果的にみんなの役に立つはずです。

ただし、いくら役に立つといっても、頭ごなしに「こうしてくれ」と言ったところで、誰も耳を貸してはくれません。相手の目線に立ち、「あくまで提案」という姿勢で、改善案を伝えるようにしました。

「このやり方なら、作業がもっと楽になりますよ」

「ここの工程をこう変えると、あと30分は早く家に帰れるようになるはずです」

そのように、相手が受け入れやすいよう、言い方を工夫しました。

業務改善に加えて取り組んだのが、コストカットです。

入社して6カ月ほどで積算業務も手伝うようになり、内部の数字を把握してみると、改善の余地があるように見えました。

設計士の描いた設計図に対し、それを実際に建てるための原価予算を算出する積算業務は、細かく出すほど正確な利益が導き出せます。しかし、この計算を「長年の勘」で済ませてしまっている工務店は、思いのほか多くあります。

積算をしっかりやらないと、原価調整や請負金額に対する利益率の調整もまたアバウトになり、余分なコストが発生する可能性が高くなります。

なお積算業務は、高さ、広さ、ドア、窓といった要素を、ひたすら積み上げていくだけの作業ですから、要点さえ押さえれば、誰にでもできる簡単な業務といえます。

当時、B社には積算はおろか管理会計の仕組みもなかったため、私はエクセルを使って積算ができるシステムをつくり、労力をかけずに積算ができるよう態勢を整えました。

私が入社してから2年ほど経った頃、こうした取り組みの成果が、数字に表れるようになりました。業務効率化とコストカットにより、利益率がそれまでの1・3倍ほどに高まったのです。また、従業員が苦労していた点を直接的に改善することもできたため、先輩社員からも次第に信頼してもらえるようになりました。

社長は実力主義であり、成果を出せばそれに見合った評価をしてくれました。

それで私は、26歳で主任、27歳で部長というポジションへと昇格し、「次期社長候補」といわれるようになりました。

一級建築士を取得し、高まる設計熱

B社の業務をこなすのと並行してチャレンジしていたのが、一級建築士と、一級建築施工管理技士の取得でした。

建築施工管理技士については、そこまで苦労することなく、26歳で取ることができました。問題は合格率が10％前後という、一級建築士です。司法試験や税理士試験と並ぶ最難関の国家資格と位置付けられており、当然一筋縄ではいきません。

学科試験に対しては、過去問をひたすら分析して傾向をつかみ、完全に独学で勉強を進めました。

26歳、27歳の2回のチャレンジは、両方とも1点届かず、残念ながら不合格……。その翌年、「三度目の正直」で学科試験をパスしました。

一級建築士の試験では、学科に合格したあとに設計製図の試験が待っています。こればかりは実践的な対策が必要と思い、専門の短期学校に通って備えました。

結果的に、28歳の年のうちに設計製図の試験にも合格し、晴れて一級建築士の資格を取得することができました。

「これでようやく、建築家として活動する基盤ができた」

思えば、18歳で高校を卒業してから、所定の実務経験を積み、二級建築士の資格を取り……。過去の努力が、1つの形として結実した瞬間であり、私はほっと胸をなでおろしました。

資格の取得をきっかけに、私のなかで抑え続けてきた設計に対する熱が、再びふつふつと沸き上がってきました。

一刻も早く、自分の設計を試したい。

自らのアイデアの詰まった、住宅を建ててみたい。

そんな思いにとらわれ、居ても立ってもいられなくなりました。

B社では、すべての設計を社長が担当していました。

設計は従業員にとってアンタッチャブルな領域であり、誰も手を出せませんでした。

私もまたしかりで、いくら「チャレンジさせてほしい」と頼んでも、「設計は俺の仕事だから口を挟むな」と言われるばかりでした。

若い自分を、二番手まで引き上げてくれた社長にはとても感謝していました。

この先もともに歩み、会社を育てていきたいとの思いも生まれていました。

しかし一方で、私の設計に対する情熱は、大きく膨らんでしまっていました。

いつになったら、設計をやらせてもらえるのか……。

先の見えない焦りを抱え、どうしていいか分かりませんでした。

そんな折、旧知の友人からかかってきた1本の電話が、私の運命を変えることになります。

第2章

誰のために、何のために建築するのか

「本当に、それでいいの？」

「新しい会社を、一緒につくろう」

電話の向こうから聞こえてきた言葉に、私は耳を疑いました。

高校時代の同級生であり、サーフィン仲間。ともに建築業界へと進み、一緒に仕事をしたこともある。そんな深いつながりのある友人ですから、冗談を言っているかどうかは、声色ですぐに分かります。

少し興奮して上ずっているような友人の声は、明らかに本気のものでした。

「……いきなり、何言ってるん」

「急な話かもしれんけど、俺はずっと思ってたてん。いつか一緒に会社ができたらいいなって」

「それはそうやけど……」

「分かってるよ。まっちゃんにも、今の仕事も生活もあるし、こんなこと言われても困るのは。でもな、大きなチャンスの波がきてるんやで。話だけでも聞いて」

友人にそう頼まれては、断るすべはありません。

電話の翌日、待ち合わせの喫茶店に入ると、奥の席にいた友人が立ち上がり、こちらに軽く手を振りました。

席へ着き、アイスコーヒーを注文したところで、待ちきれないというように友人が話し出しました。

事の発端は、分譲住宅を手掛けている中堅デベロッパー、D社からの相談だったといいます。D社が求めていたのは、手頃な価格でありながら、デザイン性の高い分譲住宅を建てられる工務店でした。

当時から分譲住宅の世界の競争は激しく、生き残るには何らかの強みが求められました。D社は、高いデザイン性に活路を見いだそうとしたわけです。

分譲住宅の平均的な価格に収めるなら、設計事務所にデザインを任せるようなことはできません。コストを抑えるには、施工を手掛ける工務店に対し、設計から施工までまとめて依頼するのを条件に交渉をする方法があります。

ただ、当時の一般的な工務店は、あくまで施工のスペシャリストという位置付けであり、ゼネコンの子会社を除いて、設計まで手掛けているところがありませんでした。そんななかで、さらに「高いデザイン性」という条件が付くわけですから、D社が求める工務店は事実上、ほぼ存在していない状況でした。

D社のほうも、それは重々承知していたようで、友人に対して「デザイン性の伴った設計ができて、うちのコストに合わせられる会社を新たにつくってくれないか」と依頼してきたというのが、友人の語った顛末でした。

「会社をつくれば、仕事は山ほど出すっていうから、食うに困るようなことはないと思う。ただ、俺には相手の期待に応えるほどの、デザイン性の高い家を設計する自信がない。まっちゃん、設計やりたいって言うてたやん。ほかとは違った、自分らしい家をつくってみたいって」

「確かに設計がしたいって気持ちは強いよ。でも……」

私は次の言葉が出てこずに、黙ってコーヒーを飲みました。

友人は息を殺して、私の返事を待っています。

「……ごめん。やっぱり無理やわ」

絞り出すようにそう伝えると、友人はがっくりと下を向きました。

正直、興味はありました。しかし私には、今の会社の期待を裏切ることなどできませんでした。また、当時はすでに子どもも生まれており、急に独立すると言ったところで家族からの理解を得られるはずがないと考えました。

「まっちゃん、こんなチャンスは、二度とないと思うで。今の会社にずっといて、昔ながらの工務店の社長になって……。それがまっちゃんの望みなん？　本当にそれでいいん？」

私は返す言葉もなく、黒いコーヒーの中で溶けゆく氷を、ただ見つめていました。

揺れる心、溢れる思い

一度断っても、友人は諦めませんでした。

その後、二度、三度と断り続けても、くじけずにアプローチをしてきました。

「どう？　そろそろやる気になった？」

休日に、サーフボードに座って海に浮かび、ゆったりと波を待っている間にも、聞いてくる始末です。

「今はサーフィンに集中させて」

「ごめんごめん」

友人は笑いながらも、目は油断なく次の波を探しています。

「ほんまに、もう……」

そんなふうに、プライベートでも誘いをかけてくるようになり、ある日私のほうがついに根負けしてしまいました。

「もう分かった！　分かったから」

「え、引き受けてくれるん？」

「……はあ、とりあえずさ、数字を見せてほしい。相手のデベロッパーが、どれくらいの仕事を回してくれるのか。結局それがすべてやと思うから、先方が考えている発注件数を教えて。その数字を基に、こっちで事業の採算性を検討してみるから」

友人にそう伝えました。

「やった、ありがとう！　間違いなく受けてくれると思っててん」

「いや、まだ受けたわけやないから！」

友人はすぐにデベロッパーと連絡を取り、数字を回してくれました。

私はそれを基に、年間の受注件数や、1軒あたりの値段と利益などを算出し、事業計画を立てました。

（確かにこれなら、なんとかなる。少なくとも、独立してすぐに立ちいかなくなるようなことはなさそうやな）

それが分かった瞬間、私の意思はついにぐらつき始めました。無理やり蓋をしていた、設計に対する思いが溢れ出て、心が激しく揺さぶられたのです。

さらば、サラリーマン

友人と会社を興せば、メインの設計者は自分です。間違いなく設計ができ、夢だった建築家となることができるでしょう。

しかしそうして独立を果たせば、これまで世話になってきたB社と、いずれは競合するかもしれません。私を「次期社長に」と考えてくれているみんなの期待を裏切ることにもなります。

夢をとるか、仲間をとるか……。

毎日、毎日、頭の中はそればかり。仕事はなんとかこなしていましたが、眠れぬ夜が続きました。

ある日の昼休み、睡眠不足からデスクの椅子でうつらうつらしていると、怒鳴り声が耳に飛び込んできました。

「何考えてんや。寝ぼけてんのか！」

自分のことだと思い、慌てて椅子から飛び上がりましたが、見れば別の従業員に、社長の雷が落ちているところでした。

「なんや、紛らわしい……」

再び椅子に腰かけたその時、ふいに友人の言葉が、頭によみがえってきました。

「昔ながらの工務店の社長になって……。それがまっちゃんの望みなの？」

そこで、目の前で怒鳴っている社長の姿に、将来の自分が重なりました。

（ここにいたら、私もきっと同じような社長になるな……）

社長が悪い人であるわけではありません。義理人情に厚く、男気があり、一本筋の通った人間で、私は尊敬していました。

ただ、「昔気質の工務店」を貫く社長の経営方針に関しては、正直物足りなさを感じてきました。地場建設会社の100％子会社で、注文住宅を建てるというポジションながらやはり強みは施工にあり、設計はどちらかといえば保守的なものでした。

（ああ、私はやっぱり、昔ながらの工務店の社長になりたいわけじゃないよな……）

自分の本心が改めて浮き彫りになり、私はなぜか悲しくなりました。この結論に辿り着くことは、以前から分かっていた気がして、みんなに申し訳ない気持ちでいっぱいでした。

こうして私は、サラリーマンを辞める決意を固め、ついに建築家、そして経営の道へと進んでいくことになります。

誕生！　アドヴァンス建築設計工房

B社を辞めようと決意してから、個人事務所の開設までは、まさに嵐の日々でした。

「辞めさせてください」

社長にそう伝えた時の、雷は凄まじいものでした。

怒鳴られ、罵倒され、「そんな甘いわけないやろ、考え直せ」と諭されました。強いいらだちのなかに、私を心配する気持ちが紛れ込んでいるのが、また辛かったです。

ただ、なんと言われても一度決めたことを覆すつもりはありませんでした。

社長にも、同僚にも、ひたすらこれまでの感謝を伝え、私はB社をあとにしました。

家族の説得は、実は最初から諦めていました。

「会社を辞めて、独立しようと思う」

そう妻に伝えた時の反応は、ある意味予想どおりでした。

「もし失敗したら、どうするん。お腹の中の子どもに、なんて言えばいい」

当時、4歳になる長男のほかに、次男がすでにお腹にいました。妻が独立を反対するのは、当然のことでした。そのほかに、妻の両親をはじめとした親族一同からも大反対にあいました。

それでも私は、自分の決断から逃げたくはありませんでした。

自分の原点は、設計なのだ。

設計がしたくて、建築業界に入ったはずだ。

ようやくその下地が整ったのだから、何があっても、行くしかない。

そう覚悟を決めていました。

出産を間近に控えた妻に心労を与えぬため、私は家族に黙って会社を辞め、しばらくそれを伝えませんでした。

事務所をつくるまでの準備期間で最も大変だったのは、業者探しでした。

デベロッパーの近所に事務所を構える必要があり、B社のお膝元である南大阪で商売を立ち上げる運びとなったのですが、仁義として、B社が使っている業者さんに仕事をお願いすることはできません。いわば前職のコネクションがすべて使えない状況であり、改めて一から業者を探す必要がありました。

結果としては、人脈を頼りに同年代の腕のいい大工をなんとか見つけることができましたが、ぎりぎりまでかかってしまい、焦りに焦りました。

それと並行して、スタートから事業をスムーズに回すための仕組みも構築しました。友人が合流するのは、立ち上げから半年後の予定であり、それまでは基本的に1人で業務を回さねばなりません。事前に効率化できる部分はすべて整えておく必要がありました。

最も力を入れたのは、エクセルによる積算システムの構築でした。基礎工事、樋工事、鉄筋、型枠、木工事……過去の経験を活かし、工事の種類ごとに原価を入力していき、項目を入れればすぐに合計金額が分かるようにしました。入力したデータはおよそ500項目にわたり、かなりの労力が掛かりましたが、その分精度の高い積算ができるシステムとなりました。

なお、事務所の立ち上げにあたり、デベロッパーから「共同代表ではどうか」という提案がありましたが、私は迷わずそれを突っぱねました。トップは1人のほうが指揮系統が混乱しませんし、せっかく独立するのだから、自由にやりたいという思いも強かったからです。

ただ、そうすると問題は、資金面です。共同代表を受け入れれば、それなりの援助が期待できましたが、それを拒否した以上、開業資金はなんとか自分で工面せねばなりません。

それまでは普通のサラリーマンでしたから、ビジネスでの銀行との付き合いなど当然ありません。銀行の援助はまったく期待できませんでした。

友人などにも相談し、デベロッパーに頼み込んで、300万円を借り入れることができ、なんとか運転資金を確保しました。

そして、2002年11月。

デベロッパーが所有する、南大阪にあるビルの小さな一室に、「アドヴァンス建築設計工房」の看板が掛かりました。

建築家として、常に前進し続けたい――。屋号の「アドヴァンス」には、そんな私の思いが込められています。

デスバレー（死の谷）を乗り越えろ

こうして走りだした、アドヴァンス建築設計工房。

建築家としても、経営者としても、まさにここが最初の一歩となりました。

人生においても、かなり大きなチャレンジでしたが、私はまったく怖さを感じませんでした。

「まあ、なんとかなるだろう」

そんな根拠のない自信がありました。

独立当時の仕事は、分譲住宅の設計施工。注文住宅のように自由に設計ができるわけではありませんでしたが、最初のステップとしてはむしろ好都合です。まずは分譲で経験を積み、いずれ注文住宅を手掛ける。それが私が描いていた青写真でした。

デベロッパーが予告したとおり、設立直後からいきなり、複数の依頼が来ました。お客さまとの相談から、設計、施工管理といった実務はもちろん、経営者として資金面の調整もしなければならず、てんてこ舞いの忙しさでした。

ようやく、憧れだった設計を手掛けられるようになったわけですが、その感慨に浸っている余裕など皆無でした。

建築士として、家の設計自体はなんとかこなせました。

それよりも大変だったのは、資金繰りです。

実はこの頃の仕事は、典型的な薄利多売でした。デベロッパーから支払われる契約金のうち、材料費や諸経費を引けば、残る利益は7％ほど。扱っているのはローコストな分譲住宅ですから、一軒建てても数十万円しか、利益が出ませんでした。

工事が始まる前に、着手金という形で100万円ほどが振り込まれますが、残りの9割以上のお金は、家が完成した月の月末に支払われます。しかし、資材の購入は建築前に終わらせておかねばなりませんし、大工さんたちへの支払いも月末締め。着手金だけでは、基礎工事まで辿り着くのがやっとです。

最初の一軒の家を建てきるためには、複数の案件の着手金を合わせ、なおかつ開業資金として借りた300万円をすべて投入する必要がありました。

その後も、建築の開始時期と終了時期を調整し、大工さんをはじめとした30ほどの業者それぞれのスケジュールを細かく組んで工期の遅れを徹底して防ぎ、着手金を右から左へと流し続けながら、経営を続けていきました。

どこかのスケジュールが少しでもずれたら、途端に資金がショートする……。まさに綱渡りの経営でしたが、A社で学び、B社で実践してきた現場管理の手法や、積算の正確性により、綿密に立てたプランどおりに、5軒、10軒と着実に家をつくることができました。デベロッパーに用立ててもらった300万円も、半年で返済し、晴れて無借金経営となりました。

こうした業務からあいまいな部分や無駄な部分を徹底的に排除し、綿密なプランを立てて業務をシステム化していく能力は、特に資金繰りに苦労するスタートアップの段階において、必ず求められるはずです。現に私も、それができたからこそ資金ショートを免れ、スタートアップの「デスバレー（死の谷）」といわれる時期を乗り越えられたのです。

日頃から、何事にもしっかりと計画を立て、綿密なスケジュールを組んだうえで実行する癖をつけておくと、それが独立した際の武器となるでしょう。

現場体制を強化し、品質向上を図る

目の前に山積みされた仕事を、とにかく必死でこなすばかりの目まぐるしい日々が続きました。時に事務所に泊まり込み、睡眠時間を削って仕事をしましたが、それでも私の胸は充実感でいっぱいでした。

設計の仕事は、本当に面白いものでした。

最初のうちは、ほとんど図面を描いたことがない自分が、果たしてお客さまの信頼を得られるか不安でしたが、そこはデベロッパーの営業社員がうまくフォローし、29歳の私を

「先生、先生」と呼んで立ててくれたため、適切なポジションを築くことができました。

具体的な仕事の流れとしては、まずデベロッパーから紹介されたお客さまに会って、設計の打ち合わせをします。基本的な合意が取れたら、屋根やサッシのコーディネートといった細かな部分を詰めていくのと並行して、法的な確認や申請を行います。そこで100分の1のスケールの設計図を完成させ、模型を作ったうえで、お客さまにプレゼンテーションをします。

家の詳細が固まると、積算により原価を算出し、予算をつくります。工事のスケジュールも決まってくるので、それを細分化し、およそ30の業者に発注をかけます。加えて私は工事前に、部材や間取り、納品のタイミング、全体スケジュールなどを細かく指定した、業者および大工さん用の50分の1スケールの設計図を作り、配布していました。これを行うことで、こちらからその都度指示を出す手間が省け、結果的に時間の短縮になります。

いざ工事が始まっても、もちろんノータッチというわけにはいきません。現場を巡って進捗状況を確認したり、作業の改善を図ったりと、新たな仕事が出てきます。

現場作業を効率化できれば、その分だけ工期の短縮につながり、利益率が上がりますから、経営に直結する重要な命題であるといえます。私も、そのための努力は惜しみませんでした。幸いにもデベロッパーが大規模な土地を押さえて分譲住宅を建てている現場は事務所のすぐ近くでしたから、1日1回は必ず現場に行っていました。

そうして頻繁に通い何をしていたのかといえば、まずは現場の「整理整頓」です。大工さんの多くは整理整頓に無頓着で、対外的に最低限の掃除をすればいいだろう、という姿勢でいました。しかし実は整理整頓は、作業効率と密接に関わる重要なポイントです。

例えば1つの作業が終わり、次の作業へと移る際、使用する道具が見つからなければ、道具を探すという無駄な時間が発生します。持ってくるのを忘れた場合には、取りに戻るのにかなりの時間を要しますし、仮に3分、5分で見つかったとしても、各人の各工程でこの無駄が積み重なっていくわけですから、トータルすれば半日や1日の遅れにつながりかねません。

常に道具を整理整頓して並べておくことで、それぞれを自分がどんなふうに使っているかが見えてきます。「これよりも、この道具を使ったほうが簡単にできるのではないか」といったアイデアも生まれやすくなります。作業の動線を踏まえたうえで、どの道具をどう配置するか。材料をどうやって保管し、どのタイミングで並べるかなど、一つひとつを整理することで、作業効率がどんどん上がっていきます。

私はそれを伝えるべく、現場で自ら片付けを行い、「こうすればもっと良くなる」というものを形として示しました。

これは見方を変えると、職場の環境を整えたということにほかなりません。

そうして整理整頓が行き届いた現場になってくると、大工さんはスムーズに、気持ち良く作業ができるようになります。地域住民やお客さまにとっても、建設途中の現場がいつもきれいに保たれていれば安心できます。また、大工さん自身に整理整頓の習慣がつけば、どこの現場に行っても、本人の評価がより高まるはずです。

独立して8カ月間は、こうした仕事をすべて自分1人でこなしていました。その後、友人が合流して、現場管理を任せられるようになったところで、ようやく一息つけましたが、そこまではまさに怒涛の日々でした。

結果的に初年度は、20軒の家を建て、売上は2億円となりました。

「なんとか、なったな……」

事前の想定どおりの売上に落ちついたことで、私はほっと胸をなでおろしました。

貧乏ながらも、充実した日々だった

2003年11月。

1年目の終了時点で、2年目の年間の着工数がすでに決まっていました。

スケジュールのずれを起こさないという前提はあるにせよ、事業としては安定しているといえましたが、ローコストの分譲住宅という領域である以上、そもそもの利益率が低いのは、どうしようもありませんでした。

１０００万円で請け負っても、材料の仕入れ、大工さんの人件費、諸経費などで９００万円以上が消えていき、残るのは１００万円以下……。工務店の経営としては、まったく採算が合っていない額です。

それをなんとか補うべく、私はデベロッパーと、あらかじめ1つの契約を結んでいました。

〝自分で営業をかけ、追加でもらえた発注分は、すべて自社が取る〟

門扉やフェンスなどのエクステリア商品や、キッチンのグレードアップといった新たな提案をお客さまに行い、それが採用されたなら、その追加料金を得られる。そんな取り決めを交わしていたのです。

この契約によって時折得られる、数十万円の追加利益が、結果的に創成期の命綱となりました。

5万円で手に入れたボロボロの軽トラックで現場と事務所を往復し、保証期間の終わった古いコピー機を自分で修理して使い……。まだまだ資金に余裕はなく、事務所の家賃すら満足に払えず、事務所の貸主であるデベロッパーに頼み込んで、家賃の支払いを先延ばしにしてもらうようなこともありました。

それでも、自らの念願だった設計を手掛けることができ、充実した日々でした。

とある事件が、起きるまでは……。

「1500万円、足りない……」

師走に入り、冬の寒さもいよいよ厳しさを増していました。

白い息を吐きながら、私は銀行のATMへと急ぎました。

凍える指先で機械を操作し、画面に表示された口座の残高を見て、私は目を疑いました。


何度も数字を数え直しましたが、やはり見間違いではありません。

「1500万円……。どう考えても、1500万円は少なくないか」

前述のとおり、私は資金計画について極めて綿密な計画のもとで行っており、工期や納期を遅らせたことは一度もありませんでした。ですから帳簿上の数字も必ず想定どおりに動いてきていました。それがずれるというのは、極めて異常な事態です。

1500万円もの大きな金額が足りない理由は、1つしかありません。デベロッパーから、報酬が振り込まれていないのです。

慌ててデベロッパーに電話を入れました。

「すみません、先月に納品させていただいた、○○プロジェクトの造成工事費のお支払いがまだないようなのですが……」

「ああ、そうでしたか、それはすみませんね、すぐに確認してみますので」

担当者はそう言いましたが、それから何日経っても、連絡が来ることはありませんでした。

しびれを切らして再び電話をかけても、「確認に時間が掛かっていて」「クライアントの都合もあって」などと、のらりくらりと逃げるばかりで一向に支払いがなされませんでした。

その状態が2カ月続き、私は理解しました。

(これは、嫌がらせだ……。わざとやっているんだ)

年間売上数十億円を誇るデベロッパーにとって、1500万円など、払おうと思えばいつでも出せる金額です。それが明確な説明もなく2カ月も滞るのは、それなりの権限をもった誰かが、故意に支払いを遅らせているからとしか考えられません。

もし私が、例えば「納品から1カ月後に支払いをする」というような契約を交わしているなら支払いを迫れたでしょうが、建設業界ではそうした部分を口約束の信用取引で済ませることが多く、下請けという立場であった私もまた、契約を迫ることはできずに、あいまいなままとなっていました。そこを突かれた形です。

ただ、私には嫌がらせを受ける理由が、皆目見当もつきませんでした。

もう、死んでしまいたい

工事でも問題は起きず、お客さまからのクレームもなく、納期にもしっかりと間に合っている。業務上は、トラブルの種はまったくないように思えました。

となると、残りは感情論です。

私が知らずに、上の立場にある誰かの癇に障ったのか……。

振り返ってみると、確かに私は、生意気だったかもしれません。

前職の工務店の社長に対してと同じように、デベロッパーの役員たちや社長にまで、自らの意見をはっきり言い、時には一歩も引かずに戦っていました。

もちろん、闇雲に噛みついていたわけではありません。私なりに、現場を、建てる家を、そして相手の会社を良くしようという思いをもって、さまざまな提案を行っていたという感覚でしたが、「下請けの若造が、何を偉そうに」と不愉快になった人もいたのでしょう。

しかし、面白くないからといって、私を切り捨てることもできません。前述のとおり、設計から施工まで、しかもローコストで引き受けるような工務店はほぼ存在せず、さしあたって代替えが利かないからです。

下請けのくせに、調子に乗るな。

若いくせして、何さまだ。

支払いの遅延は、そんな上層部の不満を伝えるための暗黙のメッセージであると、私は解釈しました。

結局、真相は藪の中。ただ、「お金が振り込まれない」という現実だけが、私に重くのしかかってきました。

いくらデベロッパーからの支払いがないとはいえ、関わった業者さんたちの支払いを遅らせることはできません。

経営は一気に、窮地に陥りました。

支払いが滞って1カ月、2カ月は、これまで蓄えてきたわずかな内部留保と、自己資金でなんとか賄いましたが、いよいよ万策尽きました。

(これはもう、借金しかない……)

借金といえば、まず銀行に当たる経営者が多いと思います。

しかし私は、無借金経営を志していたこともあり、それまで銀行との取引をほとんど行ってきていませんでした。銀行側からの融資の営業も「うちにはいらない」とすげなく断ってきたのに、急に「困ったから貸してくれ」と言ったところで、当然そううまくいくはずもありません。

親族を当たるにも、実家は前述のとおり、お金に余裕のある家ではありません。

妻の両親は、私の独立に最後まで反対していました。「それ見たことか」と、厳しく当たられるのは目に見えていました。

それでも恥を忍んで、妻の両親に土下座をし、懇願しました。

「どうか一部だけでも、貸してください。必ず返しますから」

結果的に、「5年間で返済する」という約束のもと、500万円を借りることができましたが、その時点で私の心はだいぶすり減っていました。

(残りは、1000万円……。いったいどうしたらいいんだ)

正直、これほどの大きな壁に当たったことはありませんでした。

夜、暗い事務所で1人頭を抱えていると、どんどんネガティブになっていきました。

(もう、無理かもしれない。きっとだめだ……死んでしまいたい……)

若かったせいか、かなり思いつめ、追い込まれていました。

お客さまが、救世主となってくれた

絶体絶命の窮地を救ってくれたのは、お客さまでした。

当時の仕事の9割はデベロッパーからのものでしたが、それ以外にも知り合いや業者さんの親戚などから、いくつか指名が来ていました。

そうして私に仕事をくれ、信頼してくれたお客さまに対し、私はあろうことか、料金の前払いをお願いしました。

「すみません、どうしても今、お金が必要なんです……。まだ工事が終わっていないのは十分承知していますが、なんとか先に、お支払いをいただけないでしょうか」

こんな無茶な話は、当然断られてしかるべきです。実際に、8人のお客さまからは断られ、信頼を失いました。

しかしその一方で、2人のお客さまが、首を縦に振ってくれました。

それで先払いしていただいた合計は、1000万円。

妻の両親からの借金と併せ、ぎりぎりで倒産を回避することができたのです。

この時受けた恩を、私はいまだに忘れてはいません。

品質も、デザインも、そして価格も、お客さまにとって最高の家を建て続けることで、恩を返していく。そう魂に刻み、現在まで歩んできています。

建築家としても、自分を通じ家を建ててくれる人があって初めて、新たな設計や斬新なアイデアにチャレンジすることができます。

お客さまあっての、自分である。

そんな当たり前のことが、深く心に染みた経験でした。

この一件があってから、私は決意しました。

デベロッパーとは、たもとを分かとう、と。

実は以前から、不協和音はありました。

不動産業が主業であるデベロッパーの目的は、最終的に「いかに土地を売るか」にあり、家はあくまでそのための道具に過ぎません。私や業者さんたちが、「限られた予算内で、どれだけいい家を建てるか」を必死に考え、技術の粋を尽くしても、思いに共感してもらえることはなく、むしろどんどん予算を絞られるようになっていました。

この点に関しては、デベロッパーが悪いとはいえません。「デザイン性のある家を道具に、土地を売る」というビジネスモデルの実現のために、私を社長に据えたわけです。

しかし、支払いの遅延というトラブルがあり、さらにお客さまの大切さを実感したあとには、この価値観の差が、埋めようのない決定的な溝に変わりました。

もちろん、すぐに仕事を引き上げることはできません。経営が成り立っているのは、デベロッパーからの大量の依頼があってこそですから、自らの心はひとまず横に置き、変わらず対応していました。

その一方で、すでに私の胸には、新たな構想がありました。

デベロッパーと決別し、独立

実は当時から、私の設計した分譲住宅は幸いにも評判が良く、「いい家が建っている」と口コミで広まっていました。

それまでも、知り合いや業者さんを通じた依頼はあったのですが、デベロッパーの手前、あまり積極的には受けてきませんでした。

ある日、私はデベロッパーに対し、こう伝えました。

「これまでどおり、しっかりと仕事はしていきます。でもそれだけだと利益的に厳しいので、今後はほかの仕事も受けようかと思います」

そうして自分なりに筋を通したうえで、個人から受ける依頼の量を増やしていくことにしたのです。

〝半年後には、注文住宅専門の工務店として独立する〟

それを目標に、ＢｔｏＣの市場の開拓を始めました。

とはいえ、いきなり派手に宣伝を行ったり、足を使って営業をかけたりしたわけではありません。そんなお金も時間もなかったというのが、正直なところです。

依頼は、知り合いからの紹介にとどまっていましたが、それでも半年で3軒ほど、着工の目途を立てることができました。

そして2004年9月。

デベロッパーとは完全にたもとを分かち、アドヴァンス建築設計工房は、新たな船出をしました。それまでの個人事務所から、株式会社へと移行。注文住宅専門の工務店として、独立を果たしたのです。

それまでデベロッパーに借りていた事務所を引き払い、大阪府貝塚市麻生中に新しく事務所を開きました。

なぜ貝塚市かといえば、以前の事務所があった地域よりも家賃が安かったのに加え、主要道路に面した物件が見つかったからです。ただし、物件自体はプレハブで、どうあっても「おしゃれな建築設計事務所」にはなりそうもないものでした。

それでも、パーテーションを立てたり、ロゴをしっかりと掲げて夜中でも光るようにしたりと、予算をかけずにできるあらゆる工夫をして、なんとか事務所らしく仕上げました。

念願だった、注文住宅専門の会社。

そして、自分たちだけの事務所。

資金的余裕は、相変わらずまったくありませんでしたが、それでも私の胸は晴れやかで、将来に対する希望で溢れていました。

第3章

強く、美しく、適正価格の家を建てるのが、建築家の使命

なけなしの240万円を、広告に投資

法人化にあたっては、組織体制を強化しました。私は設計と営業、友人は施工管理と、担当をしっかりと分けるとともに、事務員としてスタッフを1人雇い入れました。

新たに人を雇うだけで相当な出費ですが、私はさらにここで勝負に出ることにしました。

「広告を、打とうと思う」

友人にそう告げると、彼は不審そうな顔をしました。

「それはいいけど……どこか無料で出してくれるところでも見つけた？」

「いや、お金は掛かるんだ」

「え……どれくらい」

「年間、3桁……」

私がそういうと、友人は目を見開きました。

「3桁って、100万を超えるってこと？」

「60万円を、年4回……」

「…………」

絶句する友人に対し、私は慌てて言いました。

「とにかく我々のことを知ってもらわないと、先はないと思う。広告を通じて年間1軒、契約が決まれば元は取れる。我々の建てた家を、住宅や建築の雑誌に載せてみよう。必ず反応はあるはず」

渋る友人をなんとか説得し、清水の舞台から飛び降りるような気持ちで、大手広告代理店の銀行口座へと、広告料を振り込んだのでした。

自分たちをいかに知ってもらうか。

これはあらゆるスタートアップの企業がぶつかる壁でしょう。

私としては、とにかく自分たちの建てた家を見てもらうことが、認知度を上げるためのファーストステップであると考えていました。広告掲載のほかにも、すでに建った家の見学会を頻繁に行うなど、できる努力を続けました。

ただ、それでいきなり認知度が上がり、注文が舞い込むほど甘くはありません。

最初の頃の仕事は、すべて人からの紹介でした。私の仕事ぶりを知っている業者さんが親族に声を掛けてくれて依頼につながるなど、身内的な依頼が多かったです。

受注数があまりないうえに、1軒ごとの利益も、そこまで増えてはいませんでした。もともとローコストの分譲をやっていた手前、注文住宅専門になったからといっていきなり単価を2倍や3倍にするわけにはいかなかったのです。また、新規参入ということで、まずは施工実績が必要で、そのためにも選んでもらいやすい価格に抑える必要がありました。

なお、貝塚市に移った直後、すぐに依頼をくれた業者さんがいました。

「今度、うちで新たに事務所をつくることになったんだけれど、その1階でカフェをやろうと思ってるんだ。事務所とカフェ、両方の設計と施工をお願いできないか」

「はい、もちろん。ぜひやらせてください」

本当にありがたい話でしたから、二つ返事で引き受け、1年ほどで無事に完成させることができました。

カフェには、モダンで都会的な雰囲気とレトロでノスタルジックな雰囲気をバランス良く融合させたデザインを採用。木をふんだんに用いたことで、優しく温かな空間となりました。

カフェは大いに流行り、毎日多くのお客さままでにぎわっていました。そしてなかには「このカフェはいったい誰がデザインしたのか」「どこの会社がつくったのか」といった問い合わせをくれる人がいて、カフェからの紹介で私のもとへとやってくるのでした。

そしてそれが、のちに私の代表作となる家を生み出すきっかけとなります。

結果として、初年度は10軒の物件を手掛け、売上は2・5億円。自分としてはいい状態で仕事ができていましたが、まだまだ貧乏な工務店でした。

「終の棲家を、つくりたい」

２００６年４月。

カフェからの紹介で、私のもとにやってきた、１人の紳士。

アストンマーティンの旧車に乗り、さりげなくハイブランドの服を着こなすその紳士との出会いが、私の建築家としての大きな転機になりました。

「あなたが建てたカフェ。とてもいい雰囲気で、私にあなたの才能を、雄弁に語ってくれました。あんな空間が家にあったら、素敵だな。そう思ってね」

「ありがとうございます。ぜひ詳しく、お話を聞かせてください」

その紳士の名は、Ｔさん。

地域で鉄工場を営んでいる経営者で、機械の設計製作も行う、ものづくりのスペシャリストでした。

Ｔさんは、古くなった家の母屋の建て替えを考えており、それを任せられるパートナーを探していました。

「子どもたちももう家を出ましたし、次に建てる家が、私と妻にとって終の棲家になります。ですから、そこで過ごす時間が愛おしく思えるような家を建てたい。奇をてらわず、飽きのこないシンプルなデザインでいいので、生活を楽しめる空間がほしいのです」

そんな要望を、私は少し緊張しながら聞いていました。

「具体的なイメージは、何かありますか」

私の問いに、Tさんは迷わずに答えました。

「私も妻も、車が好きなもので、ガレージハウスにしたいです」

実はTさんは、アストンマーティン以外にも、ポルシェとアルピーヌの旧車を所有し、自らの手でレストアしながら乗っていました。奥さまも車に乗るのが好きで、2人でドライブに出掛けるのが楽しみの1つであると言います。

「予算はそれなりに用意しますから、納得のいく家を建てたいですね」

私は表向き、平静を装っていましたが、内心ではその言葉に驚いていました。

(もし自分が担当できたなら、これまでで一番、大きな建物になるかもしれない……)

その後、より詳しい要望やイメージのヒアリングをしてから、私はさっそく、1週間ほどかけて提案を練り上げました。

自由と、責任

迎えた提案当日。

奥さまとともに事務所を訪れ、私の提案を聞いたTさんは、しばらく下を向いて黙ったままでした。

(これは……だめだ、きっと気に入らなかったんだ)

色を失う私に対し、Tさんはすっと顔を上げると、言いました。

「うん、この提案のような家を建てるのは、母屋のあるあの土地だと、ちょっと合わないかもしれないな」

私の全身から力が抜け、がっくりと肩が落ちました。

「そうですか……。残念です……いいご提案ができず、すみません」

するとTさんは、にっこり笑って言いました。

「いえ、あの場所に建てるにはもったいない家だと、私は思いました。新たに土地を探すことにします。それなりの広さのある土地を」

思わず、立ち上がってしまいました。

「それは、うちで担当させてもらえるということですか」

「はい。お願いできればと思います」

「ありがとうございます!」

きっとTさんのように資金に余裕があれば、有名な建築家に話をもっていくこともできたはずです。実際に、ほかでも提案を受けていても、不思議ではありません。それでもT

さんが、最終的に自分を選んでくれたというのが、私はうれしくて仕方がありませんでした。

その後Tさんは、経営する会社と隣接した500㎡近い大きさの敷地を購入したうえで、仮契約を結んでくれました。

「松尾さん、私もものづくりに関わる人間です。プロに任せる際は、中途半端はいけないと理解しています。私はあなたに依頼すると決めました。余計な口はいっさい挟みません。設計と施工、すべてをあなたに委ねますから、自分が思うとおりに、自由にやってください」

ものづくりの本質をよく知るTさんらしい、大きな度量を感じるオーダーでした。

私は改めて、自分の責任の大きさを感じ、身が引き締まる思いでした。

代表作「奥行きの家」の誕生

Tさんが購入した土地は、線路沿いにあり、形状としては長細いものでした。電車が走り、工場も見えるその場所に、いかに心安らげる家をつくるか。それが1つのテーマとなりました。

（外からの視線を遮り、見た目は閉鎖的でありながら、その内側にはボリュームのある空間が広がっている家。外に閉じ、内に開いているような形……）

そんなイメージをどう具現化すべきか、悩みに悩みました。

家の内部の空間を広く取ろうとするなら、少ない梁《はり》で強度を確保すべく、鉄骨を使うのが一般的です。しかしそれでは芸がありません。

（なにか面白いやり方はないものか）

それで見つけたのが、木造構造でありながら重量鉄骨構造並みの強度が実現できるという「SE構法」でした。どんな工法なのか、詳しくは後述しますが、ここでSE構法と出会ったというのも、今から考えると運命的でした。

もう1つ、重要なポイントとなるのが、車のガレージ。ただ家の中にガレージをつけるだけでは、やはり面白くありません。これまでにないような、ガレージをつくると決めていました。

それらさまざまな自分のこだわりを徹底的に詰め込んだ設計図を描くのに、3週間の時を要しました。完成し、すぐにTさんのところへ持っていき、プレゼンテーションを行うと、提案をそのまま受け入れてくれました。

こうして着工し、2007年5月に竣工したのが「奥行きの家」です。

設計に当たっては、奥に長い特性をもつ敷地を考慮し、入り口はあえて無機質でシンプルながら、玄関の扉を開けた瞬間から、奥に広がる豊潤な空間が目に飛び込んでくるようにしました。

ＬＤＫは、幅５・５ｍ×奥行き12ｍという木造では考えられない広さで、さらに上部に吹き抜けを設け、豊かな空間となっています。中庭に面する壁には４ｍと７ｍの開口があり、住まいの中からも中庭の緑や水盤（浅い水路）を眺められます。中庭中央にあるテラスと水盤、そして植栽により、陽光や緑が水に優しく反射し、室内と外の差異が感じられないようにしてあります。そうして内部と外部の境界線をなくす設計を、随所に心掛け、あらゆる空間を美しく見せることに徹底してこだわったつもりです。

象徴的な存在であるガレージは、通常の駐車スペースに加え、入り口からトンネルをつくって中央へとつなげ、中庭に車が入って来られる構造にしました。これでリビングにいながら車を鑑賞できますし、必要があればすぐに乗り出すこともできます。

そして、この時に初めて表出した「外に閉じ、内に開く」というコンセプトは、その後、私のデザインする家の代名詞となっていきました。

その時点での自分の集大成でありつつ、未来に歩むべき道を確立した――。「奥行きの家」は、私にとっても、記念碑的な作品であったといえます。

お客さまを通じ、建築家は成長する

分譲や建て売りの住宅に比べ、注文住宅を建てる際には、お客さまとより深くコミュニケーションをとる必要があります。何度も重ねる打ち合わせを通じ、次第にお客さまとの心の距離が縮まっていくなかで、お客さまから学ぶことが多くあり、それも建築家としての成長につながると私は考えています。

どこをとってもハイセンスでおしゃれなTさんとのコミュニケーションを通じても、本当にたくさんのことを教えてもらいました。Tさんは設計や施工に対しては一言も口を挟みませんでしたが、インテリアや金具、調度品には徹底してこだわり「家具はB&B Italiaにしたい」「ここの金具は、青山にあるPRADAの店舗のものと同じにしたい」といった要望を受けました。そのセンスは、一般的な建築士やインテリアコーディネーターをはるかに凌駕しており、私としても大いに勉強になりました。

家づくりが佳境を迎えた頃には、大阪梅田の一等地にあるイタリアンレストランで、フルコースをごちそうになりました。そこでものづくりの担い手として忘れてはいけないスタンスや、こだわりの重要性についての話をいただき、感銘を受けました。

Tさんにかわいがってもらい、信頼関係を築けたのは、私にとっての財産となりました。

なお、「奥行きの家」は、パナソニック主催の「Residential Lighting Awards 2007」で地域最優秀賞、ＬＩＸＩＬ主催の「メンバーズコンテスト２００７」で地域最優秀賞といった賞を受賞し、テレビや雑誌などのメディアでもよく取り上げられてきました。

普通なら、自分の住んでいる家をそうして世間に公開するというのを、ストレスに感じる人は多いでしょう。奥さまと2人、静かに暮らすために建てた家なら、なおのことです。

しかしTさんは違いました。

「実は、この家を私の代表作として、賞に出したいと思っています。もちろんTさんの許可がいただけたら、の話です。どうでしょう、やはり難しいでしょうか……」

私がおそるおそる聞くと、Tさんは即答しました。

「それが松尾さんの将来のためになるなら、いつでも、どのようにでもお使いください」

本当にありがたくて、胸が温かくなりました。

メディアに取り上げられるようになってから、私に対しセミナーなどの講演依頼が舞い込むようになりました。また、会社としてもこの建築の手法をベースとして、シンボル的な窓の取り方や四角くモダンな外観といった独自性をほかの建築でも発揮できるようになり、のちの「モダンな家づくりなら、アドヴァンス」という評価のきっかけとなりました。

ここでもやはり、私はお客さまに助けられています。

こうして私の代表作は生まれ、それが私自身の、人生の転機となったのです。

阪神淡路大震災の教訓から生まれた「最強の工法」

「奥行きの家」の設計にあたり、何か面白い手法を探していて、「SE構法」と出会ったというのは前述のとおりです。

このSE構法こそ、その後の私の設計の自由度を広げ、自分らしいデザインがつくり出せるようになった土台にある技術です。

ここで改めて、SE構法について解説したいと思います。

SEとは「Safety Engineering」の略で、工学的に安全な工法であることを指しています。

SE構法は、日本の構造設計の第一人者として、国技館やフジテレビ社屋といった有名建築物の構造を多数手掛けた、播 繁氏によって提唱されました。現在も株式会社エヌ・シー・エヌ（以下、「NCN」）が提供元となり、SE構法を導入する加盟店の数は全国で500社を超えています。

SE構法の最大の特徴は、「日本最強の木造住宅工法」という異名をもつほどの、構造的な強さにあります。

鉄骨造やRC造において主流だったラーメン構造を、木造住宅にも取り入れ、安全かつ便利に利用できるようシステム化しています。板を貼り合わせて強度を確保した集成材を用い、接合部に独自のSE金物を使って、高い耐震性を備えているので、建物を支える壁や梁が少なくて済み、木造でも鉄骨造やRC造のような大空間を実現できます。

さらにSE構法では、すべての建物において構造計算を行うことができ、建物の強度を数値として表せます。

従来の柱や梁に使われる木材の品質にはばらつきがあり、木造住宅の弱点とされる接合部の強度も、一様ではありません。それが正確な構造計算の妨げになります。

SE構法で用いられる集成材は、強度が高く品質が安定しています。柱や梁も、1本1本強度を確認し、数値化します。また、組み上げる際にもSE金物で強固に接合され、それも含め正確な構造計算ができるようになっています。

日本の建築基準法では、2階建て以下、500㎡以下の木造建築に、建物の強度の根拠となる構造計算書の提出が義務付けられていません。この条件には、ほとんどの住宅が当てはまるため、実質的に日本の家屋では構造計算が行われることはほぼありません。ある意味、形や大きさが違う建物であっても、設計士の勘と経験に委ねて建物の安全性を決めている木造住宅が多いことも事実です。これは非常に危険なことだと言わざるを得ません。

実際に、1995年の阪神淡路大震災では、数多くの家屋が倒壊し、死傷者が出ました。人々の生活を守るはずの家が、凶器となってしまった……。この経験は、私を含めたくさんの建築家の胸に、消えることのない傷として残っています。

SE構法は、再び直下型地震が都市部を襲っても、それに耐えうる家を生み出すべく、考案された手法です。100%構造計算を行い、論理的な根拠をもって強度や耐震性を示す。そうやって強さを客観的に担保できてこそ、安心して住むことができます。

実は私も、阪神淡路大震災を経験しています。当時、大阪市内のとある企業の本社ビルの建設現場に居たのですが、激しい揺れにより建築途中の足場が一部倒壊し、唖然としたのをはっきりと記憶しています。それ以来私のなかには「いかに強い家を建てるか」というのが、大きなテーマとしてあり続けました。

そして前述のとおり、自らの設計で注文住宅を建てるようになったタイミングでSE構法と出会ったのです。SE構法は、デザイン性を保ちながら、強度と耐震性を備えた家を建てるための、最良の方法の1つであると私は感じています。今後も、SE構法を採用する工務店やメーカーが増えていけば、きっと日本の木造住宅は、震災に負けぬ強さを手に入れられるはずです。

阪神淡路大震災のような悲劇は、二度と繰り返してはなりません。

海外の名建築に触れ、視界が一気に広がった

こうして私は2006年にNCNに加盟し、自らの設計にSE構法を取り入れるようになりましたが、NCNを通じ、同じ志をもった仲間と出会えたのも、大きな収穫でした。

家は、人の命を守る存在であり、強くなければならない。

家づくりに関わるなら、人の生活を、命を守る責任がある。

それぞれがそんな強い思いをもち、自主的に構造計算を行い「安全であるという根拠のある家」を建てようと努力していました。

工務店や設計事務所の経営者も多く、競合関係にあるのですが、それにもかかわらず高い志を介して仲間としてつながっていました。

そんな仲間たちと、2008年頃から始めたのが、世界中のすばらしい建築を実際に見に行くという「建築旅行」でした。

旅行期間は、1週間から10日。各人が忙しい身ながら、半ば無理やりにでも予定を合わせて、海外へと出掛けていました。

この建築旅行を通じ、私の世界観は一気に広がった、そんな確信があります。

例えば、近代建築の三大巨匠と呼ばれる、ル・コルビュジエ、ルートヴィヒ・ミース・ファン・デル・ローエ、そしてフランク・ロイド・ライト。欧米を中心に点在する彼らの

作品に触れ、私は改めて、普遍性のある建築の強さを知りました。シンプルでありながら存在感を放ち、100年経ってもまったく色褪せぬその美を実際に目にして、畏怖に近い感覚すら抱きました。

特に心惹かれたのが、フランク・ロイド・ライトの「落水荘（カウフマン邸）」でした。アメリカのペンシルベニア州ミルランの自然豊かな山中にたたずむこの邸宅は、大富豪エドガー・カウフマンが、別荘として依頼した建物です。1935年に設計され、すでに100年近い時を経ているのに、まったく古びることなく、今なお美しさを保っています。

落水荘という愛称のとおり、邸宅は滝の上にせり出して建っており、周囲の森や川と調和しています。ライトの作品は自然との調和をモチーフにしたものが多く、それはプレイリースタイル（草原様式）と呼ばれていますが、落水荘はまさにその代表格です。

外観は周囲に溶け込み、自然の存在を引き立てていますが、内観のデザインは非常にモダンです。室内とテラスをフラットにつなげ、中と外の境界線をあいまいにして大空間を演出したり、窓をかなり大きく、天井を低めに設計して、視線が無意識に外の豊かな自然へと流れる構造になっていたりと、緻密な計算が光ります。

どこをとっても、最高にきれいで、本当に美しい建築です。

私も、いつかこういう建築がしたい。

そんなふうに憧れを抱き続けています。

軽やかで明るく、開放的なデザインが多い現代建築ではあまり見かけなくなってしまいましたが、昔の欧米の建築は、光と影の関係や空間の広がりを意識した、重厚なデザインが主流でした。建築旅行で、私は改めてそうした重厚感のあるスタイルに惹かれ、存在感やボリュームを大切にした設計を行っていきたいと考えるようになりました。

土地探しの苦労を解消すべく、不動産業界に進出

2007年は、経営者としても新たに2つのチャレンジをした年です。

この頃に広告の効果が表れてきて、問い合わせが増え、コンスタントに受注につながるようになり、経営がようやく安定してきました。

資金的にも少しずつ余裕が生まれてきたため、まずは以前から立ち上げたかった新たな会社を立ち上げることにしました。

それが、株式会社D．O．A．（デザインオフィスアソシエイト）です。

実はDOAは、建築会社ではありません。

土地の仲介を専門とする不動産会社であり、BtoCの取引をメインとしています。

なぜここで不動産業界に進出したのかといえば、自社の成長のためというよりも、自分を支えてくれたお客さまへの恩返しという思いが強くありました。

注文住宅を建てる人の7割以上は、土地をもたずに相談に訪れます。そして、いざ家を建てると決めても、土地探しにかなり苦労する人があとを絶ちません。

問題は、土地を販売する不動産業者の姿勢にあります。

私が分譲住宅を建てていた時代に組んでいたデベロッパーが典型的ですが、不動産業者の目的は最終的に土地の売買であり、土地さえ売れればそこに何が建とうと関心がありません。土地と住宅がセットで動く分譲住宅に比べ、何度も打ち合わせを重ねて土地を探していく注文住宅のお客さまは、土地を決めるまでの時間が長く、不動産業者としてはその分コストが掛かる相手といえます。ですから多くの不動産業者は、注文住宅用の土地をなかなか真剣に探そうとはせず、それが土地の見つからない要因となっています。

私はその点を、以前から不満に思っていました。

もっと、家づくりを支える不動産会社があってもいいはずだ。

注文住宅を建てる人の土地を、親身になって探す会社が必要だ。

そんな思いから、DOAを創業したのです。

DOAは、あくまで注文住宅を依頼したい人に向けた、不動産会社です。家づくりという視点から、親身になって必要な土地を探していきます。

経営的な話でいうと、正直、当時からあまり利益は上がっていません。前述のとおり、土地の検討が長期化する分、人件費をはじめとしたコストが掛かるからです。

それでも私は、DOAという会社の存在に意義を感じています。最適な土地と巡り合い、私が設計して建てた家で幸せそうに暮らすお客さまの姿を見れば、2007年のこの決断は、間違っていなかったと感じます。

青年会議所に入会し、経営者の心構えを学んだ

2007年に行ったもう1つのチャレンジが、日本青年会議所（JC）への入会でした。

とはいえこれは、自分から飛び込んだという感じではなく、市議会議員になった先輩から、半ば強引に勧められたことに端を発しています。

「会社もしっかりしてきたんだし、お前もそろそろ1人の経営者として、地域や社会に貢献するという奉仕の心で働かなきゃならない。それがひいては、日本のためになるんだ。ほかの経営者と一緒に、考えてみたらどうだ」

先輩の言葉を聞くうちに、確かに自分には経営者として社会全体に貢献しようという視

点が足りていないように感じました。

（そういえばここまで、ひたすら目の前のお客さまに没頭するばかりだったな……。いいタイミングかもしれない）

そうして私は、日本青年会議所の会員となりました。

入会してまず驚いたのは、ほかの会員たちのタフさです。みんな忙しい身であるにもかかわらず、夜8時からスタートして10時まで続く会議では、疲れの色などいっさい見せず、侃々諤々《かんかんがくがく》の議論をしていました。

そのほかにも、ボランティアイベントや研修などを通じ、私は経営者として必要な、たくさんのことを学びました。

お客さまが、時に生涯にわたって長く住み続ける、住宅――。

それを建てるというのは、お客さまの人生の一部を預かることにほかなりません。自らのビジネスの発展ばかり追求し、お金儲けに走るなら、それはお客さまの人生の一部をぞんざいに扱うのと同じであり、極めて不誠実な行為です。

そして、自らの過去の経験からも学んできたように、お客さまがいてこそ、設計ができ、家を建てることができます。自分という建築家は、1人の力でここまで進んできたのではなく、社会によって生かされている。そう強く感じました。

それにしても、目の前の仕事にばかり没頭してきた今までの自分が、経営者としていかに未熟だったか……。

（このままでは、経営者として成長できない。もっと広い視点で建築をとらえ、社会とのより良い関わり方を探さねばならない）

そんな思いを抱くようになりました。

営業をかけずとも、行列ができる仕組みをつくった

2008年を過ぎた頃には、会社の経営は完全に軌道に乗りました。

アメリカを震源地とした金融危機「リーマン・ショック」により世界経済が揺れ、日本の建築業界にも不景気の波が押し寄せましたが、その影響をほとんど受けることなく、1年を通じて施工スケジュールが埋まっていました。

売上は5～6億円でしたが、地域では「モダンな住宅といえばアドヴァンス」と言ってもらえるようになり、着実にシェアを伸ばせている手応えがありました。

この頃、私たちが強みとしていたのは、どんなお客さまの思いであっても、形にできるという点でした。夜空を眺めたいなら、テラスをつくる。広い空間がほしいなら、吹き抜けにする。あらゆる技術的な要望に応えるとともに、デザインとしても、和モダンから

ヨーロッパ風までなんでもつくる。それこそが、力の証明にもなると考えていました。ただ、今振り返ると「なんでもできる」ことを強みとするのは、あくまでこちらのエゴだったと思います。自分たちの得意とするものをあらかじめ明示せねば、お客さまを迷わせてしまうことになります。その意味で、お客さま目線が足りていなかったという反省があります。

幸いにも当時は、それでもキャパシティ以上の注文が入り、予約でいっぱいの状態でした。

しかしだからといって私は、組織を拡大し、商売を一気に大きくしようとは考えていませんでした。

アドヴァンス設計建築工房を立ち上げたのは、お客さま一人ひとりと向き合った家づくりがしたかったからにほかなりません。プレイヤーとしてまだまだ設計を手掛けていく予定でもあり、経営に専念するつもりは毛頭ありませんでした。

実は当時のアドヴァンスには、営業マンすら1人もいませんでした。

集客の柱は紹介と広告であり、それで十分成り立っていました。

とはいえ、工務店や設計事務所の営業マンの役割は、集客だけではありません。お客さまに対し、自分たちの家づくりをしっかりアピールして購買につなげるという大切な仕事があります。

それを代わりに行っていたのが、私と、当時3人いた設計士です。設計士がお客さまの夢に寄り添い、自らがデザインする家の良さを、情熱をもって語る。それが何よりの営業活動になると、私は考えていました。

この頃に、こうしたビジネスモデルで工務店を経営していた人は、おそらくほとんどいなかったと思います。

そのユニークさが目を引いたのか、講演やセミナーの依頼が、相次ぐようになりました。大手住宅設備会社が、大阪の工務店や建築会社に向けて開催したセミナーのスピーカーとなった時は、1000人以上もの参加者の前で、工務店経営についての話をしました。

一から起業して注文住宅の領域で安定した経営ができているのはなぜか。営業がいないのに、注文が途絶えないのはどうしてか。選ばれる工務店になるには何が必要か。そんな内容を自分なりに分かりやすくまとめて話したと記憶しています。

そうした講演やセミナーを多く手掛けるようになり、私は改めて、工務店の経営で苦労している同業者がたくさんいると感じました。そしてそこから、業界の役に立ちたい、工務店を盛り上げたいといった気持ちが、自然に生まれてきました。

思えば2006年から2008年にかけて、私の視点は、自社の利益や建築家としての実績というところから、業界や社会、そして異国の建築といった、より広い世界へと広がっていきました。

そんな私の意識の広がりは、2009年に、1つの形として表れます。

お金のあるなしで、家の性能が左右されてはならない

アドヴァンス初の商品となるコンセプト住宅「HACOLABO（ハコラボ）」の販売を開始したのは、2009年9月のことでした。

ハコラボは、プロの目線で本当に必要な住宅の要素を選び抜き、規格化した住宅です。構造と内装を分けて設計してあり、構造的には1フロアの四角いハコを2つ積み上げたシンプルな形状となっています。内装は、可動式の間仕切りなどを駆使して空間を自由に編集できるようにしてあり、住人のライフステージの変化にも柔軟に対応できるため、末永く住み続けられます。価格は、1400万円（本体価格／税別）からと、分譲住宅並みの低価格に設定されています。外観、内観ともにデザインには徹底してこだわり、見た目には注文住宅となんら変わるところはありません。

注文住宅専門の工務店として歩んできたのに、なぜこのような価格帯の規格住宅の販売を始めたのか。

その理由は大きく2つあります。

まずは、高性能な住宅を少しでも安く、お客さまに届けたいという思いです。

私はもともとローコストの分譲住宅を手掛けていた経験から、注文住宅の相場に対し「なぜこれほど高いのか」と疑問に思っていました。

家を建てる際、お金のあるなしで家の性能が左右されるというのは、本来ならあってはならないことです。しかし現実には、注文住宅の世界では特に、部材や断熱材などのグレードを上げればそれだけお金が掛かり、コストを抑えて家を建てたい人には、なかなか手が出ない存在となっています。

もう1つの理由は、日本の住宅で根強い「スクラップアンドビルド」という考え方を、変えたかったからです。

欧米を見れば、一度建てた家を生涯の資産ととらえ、末永く住むか、高値で販売するのが常識となっています。新築よりも中古のほうが好まれ、歴史のある物件ほど高値がつくこともよくあります。一方の日本では、50年もすれば家は寿命を迎え、建て替えやリフォームを検討するのが一般的です。たとえ家自体の耐久性が高く、100年は住めるものだったとしても、小さな間取りで梁や柱を多用する従来型の住宅であれば、住人のライフステージの変化に合わせて間取りや空間の使い方を変えるのが難しく、やはり建て替えやリフォームの対象となります。こうした「スクラップアンドビルド」を前提とした家づくりに、私は反発を感じていました。

ハコラボにはSE構法を採用し、国が定める長期優良住宅認定基準を満たす強度と性能を兼ね備えています。デザインも注文住宅のようにおしゃれで、性能と意匠を両立しています。それなのになぜ低コストで建てられるのかといえば、1フロア1ルームで壁を設けない構造や、あらゆる部材の徹底的な規格化、スケールメリットを活かした仕入れなど、数々の工夫のたまものです。また、前述のとおり住人のライフステージの変化に合わせて柔軟に内装を変えられる仕様であるため、安心して末永く住み続けることができます。

人の命を守る強さと、美しいデザインを兼ね備えた高品質な家を、多くの人の手の届く価格で届ける——。

そんな思いを形にしたハコラボは、これまで私を支えてくれたお客さま、そして社会へのせめてもの恩返しであり、また日本の住宅に内包された褒められぬ習慣に対する私なりの問いかけであったといえます。

舞い込んだ「1億円の依頼」

満を持して販売を開始したハコラボですが、出だしから好調、とはいきませんでした。

経営的にいえば、ローコストな住宅はどうしても利益率が低くなり、黒字化するには数をこなさねばなりません。

もともと、利益を目的として開発した商品ではありませんでしたから、ある意味では想定内でしたが、アドヴァンスの売上の柱は、やはり注文住宅でした。

ハコラボが出た頃から、品質の高い家をつくる環境がいよいよ整ってきていました。アドヴァンスが目指す家づくりを実現するためには、自分たちだけの力ではどうにもなりません。パートナーである、基礎屋さんや大工さん、塗装屋さんといった協力業者さんの助力があって初めて、質の高い家を建てることができます。

そんな協力業者さんに、アドヴァンスの家づくりへの思いが浸透し、同じゴールを目指せるようになってきました。

２０１０年、50人前後の協力業者さんたちにより結成された「工房匠の会」は、アドヴァンスの家づくりをサポートしてくれる心強い存在です。

実際の業務において、全力を尽くしてくれるのはもちろんのこと、お客さまを交えて花見などのイベントを行い、営業に協力してくれたり、手が足りなければ業務を手伝ってくれたりと、さまざまな形でアドヴァンスをサポートしてくれています。

こうして体制が盤石になってきたタイミングで、ビッグプロジェクトの話が舞い込んできました。

年が明け、2011年になって間もない頃。

冬の凍てつく寒さに凍えながら、私は事務所へと入りました。

「おっと、一番乗りか」

エアコンをつけて回り、温かいお茶を入れてから、自分の席へと腰掛けたところで、電話が鳴りました。

相手は、これまで仕事をしたことのない、大手デベロッパーでした。数百億円の年商を誇り、地域で最も力のある会社の1つです。

「実はうちで今、新しいプロジェクトを進めていまして、もしご興味がありましたら、コンペに出てみませんか」

「お声掛けありがとうございます。ちなみにどんなプロジェクトでしょうか」

何とはなしに尋ね、その答えに耳を疑いました。

「広い宅地を販売するのに、1億円ほどの邸宅を、50戸前後建設する予定です」

「それはなんとも……大きな話ですね」

予算1億円の邸宅は、いち工務店にはなかなか話が巡ってこない高額の案件です。私にとっても、当時最も大きな作品であった「奥行きの家」の予算もそれには届きませんでした。

「そのために、まずはモデルハウスを建てようと考えています。10人以上の建築家の方々を集めるつもりでいますが、ぜひ松尾さんにもそのなかに加わってもらえればと。一度お会いして、詳しいお話をさせていただけませんか」

「もちろんです！」

こうして私は意気揚々と、デベロッパーの本社へと向かったのでした。

東日本大震災で思い知った、自らの無力さ

それから1カ月以上は、コンペの資料作成に追われる日々でした。今ある案件をこなしつつ、深夜まで新たなモデルハウスの設計に没頭しました。

建設予定地は神戸市の山の斜面にある高台の土地で、大阪湾を一望でき、晴れた日には遠く和歌山の山並みまで美しく浮かび上がってくるようなロケーションにありました。

3月11日。

東北地方で大きな地震があったとの情報を聞き、私は急いで会社のスタッフに連絡を入れました。

現実は、私の想像をはるかに超える、壮絶なものでした。

東北地方の太平洋沖で発生した大地震と、津波による甚大な被害、原子力発電所の被

災……。未曾有の震災は、日本人の心に大きな爪痕を残しました。

震災直後、私はすぐに東北地方へ向かい、宮城県仙台市の現場に入りました。

不幸中の幸いで、現場での被害はなんとか最小限にとどまっていましたが、それを喜べる状況ではありませんでした。

その後、改めて被災地へ出向き、ボランティア活動を行ったのは、阪神淡路大震災の時に全国からボランティアが駆けつけて、助けてくれたことへのせめてもの恩返しでした。

実際に被災地の凄まじい現状を目にして、私は言葉を失い、立ち尽くすことしかできませんでした。津波によりあらゆる建築物が灰燼《かいじん》と化しているその様子を見て、自分という存在がいかに無力か、思い知りました。

(私には……いったい何ができるんだろう。社会の一員として、すべきことは……)

この問いに対する答えは、実は阪神淡路大震災の時に出ていました。

(自然をつくり変えることなどできないが、住宅を強くして、少しでも多くの命を守ることはできる。これからも、最高の品質の家をつくり続けていくしかない。経営者としても、建築家としても)

その後、神戸のプロジェクトに提示した私の設計プランは、コンペティションを無事通過し、参画が正式に決まりました。任されることになったモデルハウスは、3棟。春になり、事務所の周囲では桜が咲き誇っていましたが、東北で咲くことなく根こそぎ奪われた桜のことを考えると、私はその美しさを、素直に受け入れられませんでした。

「いずれ日本の住宅事情を変えてみせる」

東日本大震災からの復興が始まり、その果てしない道を、前を向いて歩きだす人が少しずつ出てきたなか、アドヴァンスの経営は大きく前進しつつありました。

ビッグプロジェクトに採用され、サポート体制も万全。

加えて追い風となったのが、「グッドデザイン賞」の受賞でした。

グッドデザイン賞は、製品、建築、ソフトウェア、システム、サービスといったさまざまなものを対象とした賞であり、社会を導く「良いデザイン」に対して贈られます。建築の分野では難関の賞の1つですが、受賞できれば客観的に高い評価を得られた証となります。

受賞したのは、私の思いが詰まった「ハコラボ」でした。

応募の段階では、1回目で賞を取れるとは考えていなかったので、存外の喜びがありました。

受賞をきっかけに、ハコラボへの注目が集まり、問い合わせも増えました。地域における認知度もさらに上がり、商圏が広がりました。

なお私は、コストを抑えて住宅をつくる手法の参考になるかもしれないと、ハコラボで活用したあらゆる技術を同業者に無料で開示しました。

業界が元気になれば、きっと質の高い家が増えていくはずだ。そんな思いがありました。

会社としては、まさに順風満帆。

「これからさらに、いい家をどんどん形にしていき、いずれは日本の住宅事情を変えてみせる」

そんな大志を胸に抱くようになっていました。

その時は、まさか1年も経たぬうちに倒産の危機に追い込まれるとは、まったく想像もしていませんでした。

HACOLABO

GOOD DESIGN

第4章

設計、施工、デザイン、経営……
すべてを担う人、それが「アーキテクト」

1つの施工ミスで、すべてが変わった

「おい、どうしてくれるんだ！」

スマートフォン越しに、怒号が耳に飛び込んできました。

「やってくれたな。お前……このプロジェクトに、どれだけの広告宣伝費を注ぎ込んでいるのか、分かってるのか！　誰が責任取るんだ、え、お前で責任取れるのか。全額、補償できるのか！　どうなんだ！」

ひたすら怒鳴り続けるデベロッパーの担当者に対し、私はただ黙って、指が白くなるほど強くスマートフォンを握り締めることしかできませんでした。

発端となったのは、神戸市で建設したモデルハウスの1つでした。

その住宅の敷地は道路から5m下に地盤面があり、そこからさらに南下りの傾斜地です。極めて施工が難しい場所でしたが、もちろんそれでも建てる方法はあります。

本来であれば、難工事だからこそ、普段からお願いしている気心の知れた協力業者さんに頼みたいところでしたが、場所が神戸ということもあり、デベロッパーが紹介してくれた業者さんが実作業を担当することになりました。

そうして紹介を受けた業者さんの1つに、基礎屋さんがいました。

「もう20年以上も、この地域でやっています。山の土地でも、何度も仕事をしてきましたから、任せてください」

そんな相手の言葉に、私はすっかり安心し、任せることにしました。

工事は順調に進み、竣工まで無事に辿り着いた、ある日のこと。

デベロッパーの担当者から、電話が掛かってきました。

「すみません。ちょっと問題が見つかったので、今すぐ現場まで来てもらえますか」

「今すぐ、ですか……」

「はい」

有無を言わせぬ深刻な口調に、私は予定の一部をキャンセルして神戸へと向かいました。

現場に着くと、建設中のモデルハウスの前で、担当者が腕組みをして待っていました。

住宅は、竣工後に、設計図どおりに仕上がっているかのチェックが行われます。

その測量の際に、問題が見つかったといいます。

「見てください。基礎の位置が5㎝、ずれていますよね」

メジャーを指さしながら、厳しい口調で話す担当者を前に、私は青くなりました。

「確かに……」

建物の基礎がずれていたとなると、修正するには一度すべてを取り壊し、最初からやり直さねばなりません。

その5㎝のずれは、法的に再検証しても合法であり、家の性能にも影響が出る恐れはまずありませんでしたが、それでも「施工ミス」が起きたことは、間違いありません。

紹介を受けた基礎屋さんを信頼して任せ、5mの高低差があった難しい工事だったとはいえ徹底的なチェックをしきれなかったのは、確かに自社のミスでした。現場の施工管理を請け負っている手前、「管理不行き届き」と責められても、仕方ありません。

そしてその後すぐにかかってきたのが、デベロッパーの担当者からの「怒りの電話」でした。

「建て直してもらおうか。いったん全部、潰して、やり直せ!」

「そんな……法的に問題はないので……」

「できないなら、損害賠償だ。1億、2億で済むと思うなよ、覚悟しておけ」

捨て台詞とともに電話は切られ、私は呆然と立ち尽くしていました。

海からの風が宅地に強く吹き付け、木々のざわめきがやけに大きく響き渡っていました。

建築という仕事が、恐ろしいと思った

その後の交渉で、建て直しや訴訟といった最悪の事態こそ避けられたものの、デベロッ

パーの怒りが収まることはありませんでした。

担当者は、すでに完成した3棟のモデルハウスに対し、あれこれと要求を突き付けてきました。

「外壁を、もっとグレードの高いものにしてください。費用はそちらもちで」

「家具が安っぽいなあ。それなりのブランド品を、そちらで用意してください」

施工ミスがあった以上、私もある程度の負担を背負うのは覚悟していましたが、要求は何度も続き、一向に終わりそうにありませんでした。

もちろん、施工ミスがあったのは事実であり、管理不行き届きという指摘も、誤ってはいません。

ただ、法的にも性能的にも問題のない範疇である「5㎝のずれ」を、ここまで徹底して追いかけてくることに、私は違和感をもちました。

(経営のトップの方からは「今後の仕事でしっかり返すんだぞ」と言っていただいていたのに……)

そう思った時、私の脳裏に、過去の記憶がよみがえりました。

いつまで経っても振り込まれない、契約金。

資金繰りに行き詰まり、暗い事務所で、頭を抱えた自分。

(……あの時と、同じだ。きっと誰か、私を気に入らない人間がいて、必要以上に圧力を

掛けてきているのかもしれない）

振り返ると、確かに私は当時と同じように、大手デベロッパーの経営陣に対し、臆することなく意見を述べてきました。それを経営陣は面白がってくれ、経営陣や責任者が集うプロジェクト会議にしょっちゅう呼ばれては、アドバイスを求められました。その場でも、1人の建築のプロとして、思ったことを遠慮なくぶつけては、意見が採用されることも多くありました。

そのデベロッパーとアドヴァンスでは、会社として象と蟻ほどの規模の差があります。それにもかかわらず、聖域ともいえる経営陣も参加するプロジェクト会議にずけずけと入ってきて、好き勝手に意見を言う「蟻」の存在に、不快感を覚えた人がいたのでしょう。

巨大組織を相手にする怖さ、難しさを、私は改めて痛感しました。

結局、要求に応じてアドヴァンスが負担した金額は、数千万円に上りました。

当時の売上は7億円程度ですから、とてもそんな出費には耐えられません。個人で保証できる額など、たかが知れています。

払えるだけ払ったあと、ついに現金が尽きました。

「好調だった。コンペにも勝ったし、売上だって伸びていた。すべてがうまくいっていたはずだ。なのに……なぜこんなことになったんだ！」

私はそこで初めて、建築という仕事が恐ろしいと思いました。

何千万円、何億円という金額が飛び交うのが当たり前の世界で生きる怖さ、自らが背負っているリスクの大きさに、身震いしました。

「諦めてなるものか」

ある朝、私は社員たちを集めました。

当時のアドヴァンスには、8人の建築士が所属し、現場監督、内勤を含め15人の社員たちが、会社を支えてくれていました。

私のただならぬ様子から、社員たちも察するところがあったのか、固唾を呑んで私を見つめています。

「……申し訳ない、本当に、申し訳ない」

最初に口から溢れたのは、謝罪の言葉でした。深々と頭を下げたまま、しばらくは動くことができませんでした。

ようやく覚悟を決め、顔を上げ、話を始めました。

「……実は、神戸の現場で、施工ミスが起きました。その賠償額は大きく、ついに会社の現金が尽きました……。このままだと、来月には、アドヴァンスは、倒産します」

其処此処から、「えっ」「うそ」という声が聞こえました。

「皆さんに、責任はいっさいありません。こうなったのは、すべて経営者である私の、不徳の致すところであり……ここまで私を支えてくれた皆さんを守ることができず、その家族にまで、迷惑を掛けるかもしれず……」

そこまで言ったところで、涙がとめどなく溢れてきました。

必死に言葉を継ごうとしましたが、出るのは嗚咽ばかりで、うまく話すことができませんでした。

社員たちを路頭に迷わせてしまうかもしれない現実がとにかく辛く、悔しく、自分の力のなさに腹が立ちました。

そしてまた、私以上に肩を震わせて激しく嗚咽する、神戸の現場の担当者たちが不憫で仕方ありませんでした。

「社長、もう本当に終わりなんですか」

1人の社員が、言いました。

「私たちにできることは、ないのでしょうか」

別の社員が、言いました。

「お金がないなら、私の給料をしばらく止めてください。大した足しにはなりませんが……」

「私も、そうしてください」

「諦めるなんて、社長らしくありませんよ」

「今度は私たちが、社長を守る番です」

「そうだ、なにかきっと、手はあるはず。みんなで考えましょう」

いたわりと励ましに満ちた社員たちの言葉は、絶望で打ちひしがれた私の心に、温もりとなって届きました。

私はただ、首を垂れ、感謝を伝えることしかできませんでした。

「ありがとう……。みんな、ありがとう……」

消えかけていた、身の内の希望の灯火に、再び火が付く感覚がありました。

(ここで諦めてなるものか!)

借金に対するトラウマとの戦い

とはいえ、いくら不屈の精神があっても、それが資金に変わるわけではありません。

現実として、残された道は、たった1つ。

借金しかありません。

実は私は、ここまでほぼ無借金で経営を続けてきていました。過去に借金を抱えたのは2回だけ。そのいずれも、個人の裁量でなんとかなる額にとどまっていました。したがって、会社として大きなお金を借りた経験がありませんでした。

そうして極力借金をしない経営も間違ってはいませんが、一方で成長には必要な資金もあります。借金をしてでも、進まねばならないタイミングがあると、今では分かります。

なぜ私が頑なに借金をしなかったのか。

それは借金に対する恐怖心が、人一倍強かったからだと思います。

独立にあたり、デベロッパーから300万円を借りた時にも、妻の両親に頭を下げた時にも、私の頭の中には、ある音が響き渡っていました。

どんどんどん。どんどんどん。

幼少時代、借金取りが扉を叩くその音は、私の心の深い部分に焼き付いており、きっと一生拭い去ることはできないのでしょう。

会社の倒産が目前に迫っているにもかかわらず、借金のことを考えるだけで、やはり私の頭の中には、恐怖の音が響きました。

今回必要な現金は、以前とは桁が違います。個人でどうこうできるレベルは、とうに超えています。音はいよいよ、大きくなるばかりです。

しかしだからといって、耳をふさいで逃げ出すわけにはいきません。

私の背中に乗った、社員たちの思い――。

それに応えることなく、退いてしまったなら、この先一生、後悔し続けるでしょう。

そして私はある日、銀行の前に立ち、震える足に力を込めてその扉をくぐりました。

「ここが、正念場だ」

実は私には、秘策がありました。

借金ではなく、先行投資の相談に行く。

そう自分のなかで、価値観を転換しようと努めたのです。

もちろんただ思い込むだけでは、効果はありません。

ですから実際に、銀行に対してアドヴァンスの明るい未来をプレゼンテーションして新たな投資が必要であると納得させるべく、資料を作り込んできました。

それをしたところで、やはり心の傷はよみがえってきますが、なんとか先方と交渉ができるくらいまでには抑え込むことができました。

融資の相談カウンターへ行き、応接用のソファーで少々待たされてから、やってきたのは初老の銀行員でした。

「お待たせしました。私が担当いたします。さっそくお話をうかがいましょう」

そう言ってにこやかにほほえみつつも、目の奥は笑っていないように私には見えました。

（ここが正念場だ）

私は、自分のもっているあらゆる能力を使い、必死にプレゼンテーションを行いました。

それがあまりに鬼気迫る様子だったのか、プレゼンテーションが終わっても、担当者はしばらく口を開かず、じっと私を眺めてから、言いました。

「……何か、ご事情がおありのようですね。ともあれ、確かにプレゼンには納得できました。業績も順調で、これまでお付き合いがなかったのが不思議なくらいです。これから審査に入りますが、私としても、できるだけご要望に応えられるよう、上と交渉しようと思います」

「ありがとうございます。よろしくお願いいたします」

心からそう言うと、担当者は再びにこやかにほほえみました。今度は目の奥まで笑っているように思え、私は少しだけ安心しました。

それから1週間後。

担当者から、連絡が入りました。

「松尾社長、お待たせしました。結果から言いますと、ご融資させていただきます。額面は、ご希望のとおりご用意いたします」

全身から力が抜けていき、私は事務所のソファーに座り込みました。

お礼を言って電話を切ってからも、しばらくはただぼーっと中空を見つめていました。

「社長、どうしましたか、体調でも悪いんですか」

心配そうな社員の声で、我に返りました。

「……なんとかなった。どうやら倒産せずに、済みそうだ」

金融機関との関係が、時に会社の生死を分ける

こうして私は、人生最大の危機をなんとか乗り越えることができました。

この経験を通じ、資金調達の重要性が、骨身に染みて分かりました。

商いの額が大きい建築業界は、何かあったときに個人で補償ができるほど、甘い世界ではありません。

私がそうだったように、たった1つのミスがきっかけで、極めて順調だった経営が一転して倒産に傾くようなことも、十分に起こり得ます。仮にミスをしなくとも、自然災害や

感染症流行といった予想だにしない事態に見舞われたなら、結局は現金がないとしのげません。

したがって、日頃から金融機関とのつながりをもち、時には相手の相談に乗ってお金を借りるなどして、良好な関係を保っておくというのは、非常に大切です。

銀行のおかげで、倒産の危機こそ逃れましたが、資金はあくまで借りたお金であり、返さなければいけません。こつこつ貯めてきた内部留保もすべて消え、会社は再び貧乏になりました。

しかし私は、まったく悲観しませんでした。

自分には、すばらしい社員たちがついている。

アドヴァンスの建てる家を待ってくれている、お客さまがいる。

彼らがそばにいてくれる限り、私はまだまだ戦える。

そう思っていました。

デベロッパーとも、縁を切ろうとは考えませんでした。

「今辞めたら、損だけして終わりだ。このプロジェクトには、いまだ着工していない建物が、40以上もある。さあ、そこで損を取り返そう」

社員たちにそう伝え、デベロッパーに対しどんどんアプローチしていきました。

トラブルが発生してから1年ほどは、立場が悪い状況が続き、担当者たちは相変わらず冷淡でしたが、さすがにそれ以上の補償の話は出なくなりました。

そして2年後には、完全に元のポジションを取り戻し、再び頼られる存在となりました。新たに3棟の設計に携わり、20棟以上に対して設計のアドバイスを行うなどした結果、本当に損益を取り戻すことができました。

そうしてアドヴァンスの経営が再度安定していくなかで、私は1つの重大な決断を下していました。

40歳で作家活動をすると決めていた

「もう、設計図は描かない。お客さまとも会わない」

私がそう宣言した時、社員たちはさぞ驚いたでしょう。

実は私には、サラリーマンから独立を果たした29歳の頃から胸に秘めていたことがありました。

〝40歳になったら、作家活動をする〟

それを1つのゴールと定め、経営者として10年間走り続けてきました。

建築家として自ら会社を興す場合には、設計だけしているわけにはいきません。経営者として、どうしてもビジネスがつきまといます。コスト面を含め、選んでもらわねば商売が成り立たず、設計には制限が掛かります。そうした制約のなかですばらしい家をつくるのも面白いのですが、私は建築家として、やりたい設計と、やらねばならぬ設計の狭間で、ずっと揺れ動いてきました。

創業以来、アドヴァンス建築設計工房の設計のメイン作家は私であり、お客さまからの「松尾さんに頼みたい」という指名もあって、多くの図面を自分で描いていました。

ただ、それではいつまで経っても、ほかの建築士に光が当たることはありません。若い人は特に設計の機会が少なく、まるで工務店で設計ができずにもがいていた過去の自分を見ているようでした。

そうした状況を変え、若き才能にもしっかりと光が届くようにするには、私が第一線を退く必要があります。

そこで私は、アドヴァンスではもう設計図を描かないと決めたのでした。

とはいえ、経営一本でやっていくつもりはありませんでした。

経営と設計を完全に分けたうえで、それぞれ手掛けていく。

それが私の目指すところでした。

そして、２０１３年３月。

40歳を迎えたタイミングで、社員たちにもその思いを伝え、私は完全にアドヴァンスの設計から離れ、新たに個人事務所を立ち上げました。

事務所の名は、「METAPH（メタフ）建築設計事務所」。

家とは、住む人やつくり手の思いの、メタファー（暗喩）である——。

そんな作家としての思想を名に冠しました。

メタフでは、今までできなかった意匠や表現にチャレンジしたい。利益度外視で、1人の作家として自分はどこまでやれるのか試したい。100%お客さま目線の住宅より、いくらか作家目線の住宅を一度は建ててみたい。そんな思いがありました。

アカデミックな世界で自分を試したかった

メタフ創業とさほど時をおかずして、アドヴァンスは「特定建設業許可」を取得しました。

建設業において元請けとして顧客から直接工事を受注するには、請負金額の大きさによって、許可が必要になります。かいつまんでいうと、住宅を建てる場合、1500万円以上の金額で請け負うなら「一般建設業許可」、そして6000万円以上で請け負うなら「特定建設業許可」を取らねばなりません。

住宅を扱う工務店であれば、一般建設業許可は必須といえ、ほとんどの工務店が取得しているはずです。しかし特定建設業許可は、住宅ならかなり高級な注文住宅を取り扱わない限りは、取得せずとも問題ありません。また、特定建設業許可を取るうえでは、「下請け業者も含めた適切な施工体制の確保」と「より高度の経営安定性」が求められ、一般建設業許可よりも取得要件や義務が厳しいというハードルもあります。おそらく工務店でこの許可を取得しているところはかなり少ないはずです。

それにもかかわらず、なぜ特定建設業許可の取得に乗り出したのかといえば、作家として億を超える家を建てることを前提としたからにほかなりません。

また、同じ頃に私は、先輩建築家の紹介を通じ、日本建築家協会へ入会しました。アカデミックな評価をどこまで得られるか、作家としての自分の可能性を知りたい。それが入会の動機でした。

これまでにも、グッドデザイン賞をはじめいくつかの賞をもらっていましたが、工務店の経営にも力を注いでいたため、自分としてはどうしても作家と謳いきれませんでした。日本建築家協会で認められたなら、晴れて作家と名乗れるのではないか。そんな気がしました。

そうして作家活動への道筋をつけているなかで、声が掛かったのが「MAKEHOUSE展」でした。

建築家とは、いったい何をする人間なのか

2014年、東京ミッドタウンで開催された、「MAKEHOUSE展」。世界を舞台に活躍する新進気鋭の建築家である、鈴野浩一／禿 真哉（トラフ）、谷尻 誠、中山英之、長坂 常、藤村龍至、藤原徹平、吉村靖孝（敬称略）の8人が集い、「木造住宅の新しい原型」というテーマでそれぞれ作品をつくり、展示しました。10日間の開催期間で4万3000人もが来場した、大盛況のイベントでした。

参加した建築家8人は、大学で教鞭を執るなど、アカデミックに建築を追求している人ばかり。そこに私は「工務店の建築士」という特別枠として招かれました。

この展示会を仕掛けたのは、実は前述のNCNであり、「木材のパーツ化」を1つの課題としていました。

SE構法において木材をどうパーツ化するか……。それは私が常々考えていたことでもありました、住宅をつくるために必要なパーツを最適な寸法で規格化することができれば、耐震性のある木造住宅を、早く、より安価に、建てられるようになるはずです。また、パーツ化ができればあとは組み合わせるだけなので、住む人自身で家が設計できたり、リフォーム時に簡単にパーツを変えられたりと、住宅の可能性が大きく広がります。

私が展示したのは、「module 4・5」というタイトルの作品です。茶室などでよ

く見る「4畳半」という空間は、ミニマムでありながらほどよい広がりを感じる、絶妙な空間であると私は考えています。幅、奥行き、高さを4畳半サイズで構成した立方体は、最小かつ経済性を備えており、それを積み木のように組み合わせて家をつくっていくことができたら面白いんじゃないか。そんな発想で設計しました。

勇んで展示会に出掛け、確かに刺激を受けたのですが、その一方で私は自分があくまで「工務店の社長」として扱われ、作家という枠には入っていないと感じました。

「MAKEHOUSE展」での経験を通じ、私は自分の肩書きが、メインを張った8人と同様の「建築家」であるというところに、違和感をもつようになりました。

(設計士として、設計することは同じでも工務店の社長は建築家として認められない、いや名乗ってはいけないのではないだろうか)

そして後日、この違和感の正体がはっきりと分かりました。

私はいったい、なんと名乗ればいいのか……

ある時、日本建築家協会から電話がかかってきました。

「実は、ほかの会員の方からですね、松尾さんの入会について疑問の声が上がっておりまして……」

「疑問の声、ですか……」

「はい。建築会社の経営者には、会員になる資格がない。そうおっしゃる人がいてですね……」

「私は設計事務所の代表として入会していますが」

相手は終始、申し訳なさそうに話をしていました。私としては、賞の受賞などにより、作家として客観的な評価を得ているつもりでおり、工務店の社長だからといってほかの会員の方々とさほど大きな差はないと考えていましたから、少々不満でしたが、そこで文句を言ってもめるのも嫌だったので、やむなく退会することにしました。

こうした出来事を通じ、私は改めて、建築会社とアカデミックな世界との距離を知りました。

過去を振り返ると、自分はずっと建築家になりたくて、キャリアを積んできました。家の設計を手掛けるようになった段階で、ようやく一人前の建築家になれたという思いがしました。

しかし、「作家」というアカデミックな領域の建築家の姿は、私が実践してきた建築家としての在り方とは、大きく違いました。

作家系の建築家の仕事は、デザインです。ひたすらデザインに没頭し、頭の中で新たな建物をつくり上げ、設計図に落としていくことです。

もちろんそうした建築家たちも間違いなく世に必要で、すばらしい仕事をされています。ただ、私はそのカテゴリーには属していません。同じく設計やデザインを手掛けるとともに、それを現実に建てて、お客さまに届けています。そんな在り方は、少なくともアカデミックな世界における建築家の定義には収まりません。その相違が、私の違和感の正体でした。

では、私がやっている活動を、なんと呼べばよいか。

私はいったい、なんと名乗ればよいのか。

メタフという個人事務所を立ち上げて間もないタイミングで、私はその事務所の存在意義にも関わる、根底的な迷いを抱えるようになりました。

お客さまが、本当に求めているもの

葛藤を胸に秘めつつも、２０１４年は飛躍の年だったといえます。

１年以上かけて進めてきた、大阪のデベロッパーE社の分譲地内に2棟の期間限定モデルハウスを建てる共同プロジェクトが、つつがなく終了。

そこで建てた「Quarter小径がつながりを見せる家」が高い評価を受け、その年のグッドデザイン賞を受賞しました。

「Quarter小径がつながりを見せる家」は、大きさの異なる4つの箱をずらして並べたようなユニークな住宅です。この外観は、立地が3方向を道路で囲まれた角地であることから生まれました。建物の閉じ方と開き方のバランスを考え、どの角度から見ても美しく、また角度によって表情が異なる味わい深い形状を追求した結果です。

路地のようなアプローチを抜けて家に入ると、まず目に入るのは天井高約5・5m、奥行き約7mの開放的なホール。その両端には、床の高さの異なるDKとリビングが対角線上に配置されています。DKから2階へとつながる1・5階では、家族が思い思いの時間を過ごす共有空間でありつつ、高低差を利用した大容量の収納にもなっています。そこにある2つの階段が、寝室などプライベートなフロアへとつながっています。それぞれのフロアを移動するごとに切り替わる空間構成は、暮らしに楽しみを与えてくれるはずです。

2011年の受賞以来遠のいていたグッドデザイン賞に再び選ばれたということで、私としては大いにうれしかったのですが、「Quarter小径がつながりを見せる家」の快進撃はそれだけにとどまりませんでした。この作品が、私の世界挑戦の扉を開いてくれるのは、もう少し先の話です。

2014年8月には、現在のアドヴァンスの最強の武器となっている「ARCHAUS

す。

アルクハウスは、仕様と設備を組み合わせてつくる、カスタムオーダーの注文住宅で(アルクハウス)」の販売を開始しました。

最大の特徴といえるのが、価格が坪単価の定額制であること。例えば「FA」というパッケージタイプでは、坪単価48万円と決まっており、ここに設備費はもちろん、照明やカーテンの代金も含んでいます。

注文住宅としてはローコストといえる価格を実現しつつも、断熱材やサッシなど、住まいの快適性を支える部分については、全棟共通で高性能なものを採用し、設計にもかなりこだわっていて、モダンなデザインとなっています。

まずはベースのパッケージを選び、そこに構造や床材、壁材、設備機器など、家づくりでこだわりたい部分を自分仕様にカスタマイズしていくことで、理想の住まいを現実のものとします。

そんなアルクハウスのアイデアは、実はずいぶん昔からありました。

注文住宅の値段はお客さまにとって本当に分かりづらく、見積もりがいくらになるか、蓋を開けてみなければ分からない状況でした。例えるなら、「値段をいっさい記載していないお寿司屋さん」のようなものです。

これを私は、極めて不親切であると考えてきました。

ARCHAUS

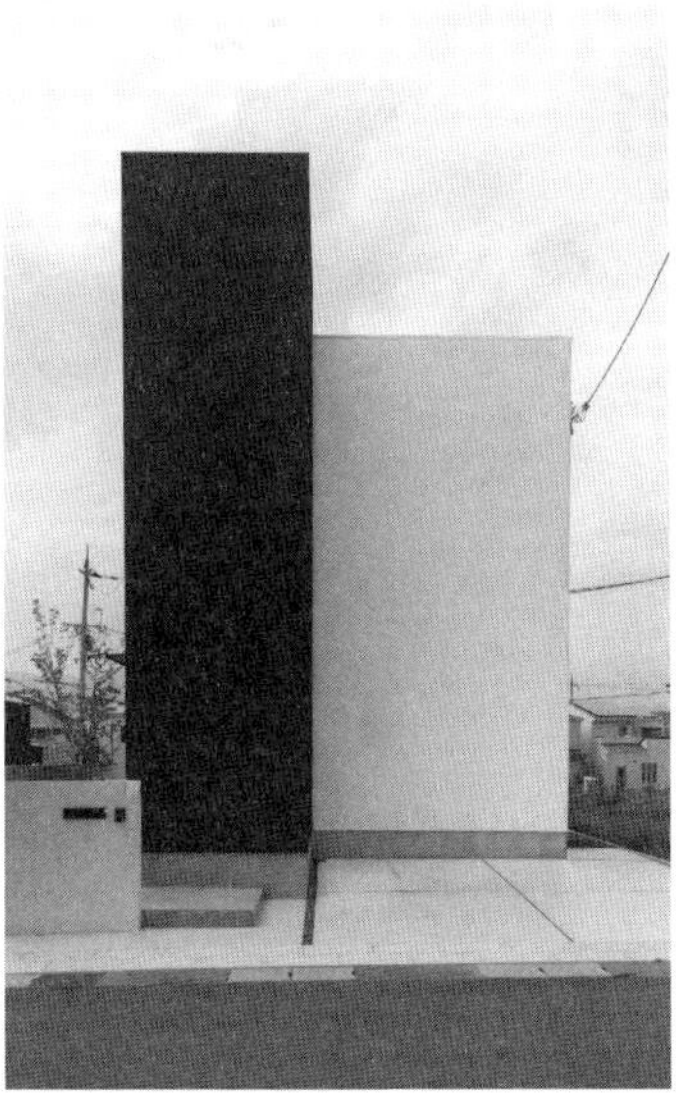

（注文住宅の値段を、究極に分かりやすくするにはどうしたらいいか……）

そこで思いついたのが、定額制の注文住宅というアイデアでした。

同じ部材を同じ数だけ使ってベースをつくる。それができれば、多少住宅の形が変わるとしても、ある程度価格が定まります。製造コストが抑えられ、生産性も高まるため、きっと安価に設定できるはずです。そのうえで、お客さまの希望に合わせ理想の住まいになるようカスタマイズしていけたなら、きっとすばらしい商品ができる――。そうして試行錯誤の末に開発したのが、アルクハウスでした。

なお、アルクハウス誕生の下地となったのが、高性能の住宅を低価格でお客さまに届けることを目指した商品、ハコラボの開発の経験でした。人生におけるあらゆるチャレンジは、必ず次のステージへの扉につながっている。私はそう感じています。

アルクハウスの販売において1つだけ誤算だったのは、設計の担当者がお客さまの希望を全力で叶えようとした結果、価格が想定の範囲内に収まらないケースが多々あったことです。たとえ原価が上がっても、定額制ではどうしようもありません。そうして利益率は予想を下回ったのですが、アルクハウスの注文が殺到したことで、相殺できました。

大きな反響と、次から次へと入る注文により、やはりお客さまは「明確な価格の注文住宅」を求めていたのだと分かりました。

同業者も使える、建材専門の商社を設立

２０１５年に入り、私は新たな会社を立ち上げました。

ハウズ・サポート株式会社。

ユニットバスやキッチン、建具、照明器具などを取り扱う、建材専門の商社です。

実はこの頃から、住宅機器に関して、集中購買によるコストメリットがかなり出るようになりました。工務店の規模ではなかなか卸してもらえないような価格で、住宅機器を手に入れられるようになったのです。

(これを自社だけでとどめておくのは、もったいない)

そう考えて、主に同業の工務店に向け、安く品を卸す商社を設立することにしました。

もう１つ構築したのが、補償サービスです。

住宅という領域において、工務店の強力なライバルであるハウスメーカーは、組織としての大きさや強さを活かし、24時間体制でアフターフォローを行うなど充実した補償体制を取っており、それが住宅選びの際の魅力の1つとなっています。

ただ、一般的な工務店の規模だと、24時間体制を敷くようなことはなかなかできず、結果として補償面でハウスメーカーに後れを取りがちです。

それをなんとかしようと、保険会社と提携し、ハウスメーカーに負けない充実した補償

を行えるよう体制を整えました。そしてその補償を商品化し、どこの工務店でも使えるようにしました。

そうして同業者の役に立ち、業界全体を盛り上げれば、地域の工務店が活性化し、ひいては日本全土に適正価格で高品質の住宅を広めることにつながっていくと、私は信じています。ハウズ・サポートも、そのために立ち上げたのです。

さらなる成長を目指し、営業部門を設立

アドヴァンスという会社の体制を大きく変えていったのも、2015年からでした。

大手デベロッパーとの出来事をきっかけに、私は会社をより強く成長させなければいけないと感じていました。

（蟻でいるうちは、巨象を相手にしてもただ踏みつぶされるだけだ。このままじゃだめだ、もっと会社に力をつけなければならない）

また、アルクハウスの受注が好調に推移するなかで、従来の「営業をもたない」というビジネスモデルの限界を感じるようになっていました。仕事を回すために新たな人材を採用するのですが、その多くは建築士であり、人件費がどんどんかさんできていました。

自分がアドヴァンスの設計から身を引いたのは、ほかの建築士たちに成長してほしいから以外の何者でもありません。ただ、私がいなくなっただけでは不十分です。建築士が、しっかりと設計と向き合える時間が取れるよう、環境を整える必要性も感じていました。

そうした思いから、私は会社の構造改革を断行しました。

住宅営業の経験のある営業マンをヘッドハントし、営業部門を立ち上げたのです。

それとともに、成長戦略などの経営指針を具体的な数字で出すようにしました。

会社としてのスローガンも「すべてはお客さまのため」という抽象的な内容から、見直しました。私たちが目指す未来の姿は、世界で最も愛され、心豊かな暮らしを与えるブランドとして、常に前進していく企業になることだと考え、社員からも意見を募ったうえで完成させたのが、次ページの企業理念です。

アドヴァンスの家づくりや設計に対する姿勢に加え、はっきりと「人・企業の成長」をミッションとして掲げたのが、強い組織をつくろうという私なりの決意の表れです。

そんな組織改革の最終地点といえるのが、社名の変更でした。

新しく制定した企業理念

【ミッション宣言】

私たちの使命は、人・企業として成長し、より良い暮らしと幸せを創造することである。

【私たちの信念】

より多くの人々の夢・希望の実現と感動を提供し、毎日の暮らしに潤いを与える。

【設計概念】

1．シンプルであること
　シンプルの中に本当の美しさ・機能がある。合理的に、コストを意識すること。
2．自然を感じ、取り込む
　光・風を計画する。四季を感じる住まいづくりの検討。
3．人にやさしくつくること
　木でつくる。自然素材を多用する。そして強くつくる。
4．機能的につくる
　動線計画・収納計画の検討。
5．フレキシブルにつくる
　家族とともに成長出来る家をつくる。良き建築（住まい）は人をしあわせにする。

新たな概念としての「アーキテクト」の誕生

社名を新たにするにあたり、私は改めて、以前から抱えてきた葛藤と向き合わねばなりませんでした。

（私が育てたい建築家は、アトリエ系の作家とは違う。私がここまでやってきた活動……それはなんと呼ぶべきものか。そして設計やデザインの力と施工の能力を併せ持ったアドヴァンスの建築士たちも含め、どう呼ぶべきなのか……なにか新しいカテゴリーがほしい）

悶々と思い悩む日々のなかで、ふと目に留まったのが、ＩＴ業界の記事でした。

そこには、「ＩＴアーキテクト」という見慣れぬ名前がありました。

（アーキテクトって、建築家のことじゃないのか）

実はＩＴ業界でも、システムの設計に関して「アーキテクチャ」という用語がよく使われています。そしてＩＴアーキテクトは、「ＩＴに対する深い知見を基に、経営課題を解決するための戦略を立て、設計図を描き、プログラマーやエンジニアを束ねてプロジェクトを推進し、システムの構築まで請け負うことができる人」といった意味をもっています。

これを読んだ瞬間、脳に電流が走ったような感覚がありました。

（建築業界に置き換えれば、設計図を描き、大工さんや協力業者さんを束ねてプロジェクトを推進し、建築物の竣工まで請け負う人材ということだ……これはまるで、私がやってきたことと同じじゃないか）

私のなかで「アーキテクト」という単語が、これまでと違った輝きをもち始めたのは、この時です。

建築家イコール「アーキテクト」ではない。

設計図を描き、建物を一から建設する者――。

それこそが、私が提唱すべき新たな概念、「アーキテクト」だ。

迷いの霧がすっと晴れ、視界が一気に開けた気がしました。

いつか設計をしたいという夢。ゼネコンや工務店に勤め、現場監督の仕事を極めようとした20代。独立し、あらゆる業務を自分でこなさねばならなかったこと。注文住宅専門の工務店を目指し、デザインに磨きをかけた日々……。

私の人生の点と点がつながり、アーキテクトという1枚の大きな絵となって、立ち現れてきた。そんな感覚がありました。

そして、２０１６年5月。

株式会社アドヴァンス建築設計工房は、アドヴァンスアーキテクツ株式会社へと社名を変えました。常に前進し、日本の建築を支える専門家の集団になりたいという願いを込めて、「アーキテクツ」という複数形としました。

こうして私はようやく、アーキテクトという新たな概念に辿り着くことができたのです。

世界での活動を常に視野に入れてきた

アルクハウス販売前まで、アドヴァンスの売上は8億円前後で推移し、10億円が「超えられぬ壁」だったのですが、アルクハウスという武器と組織改革の効果により、2016年に初めて10億円を突破することができました。

作家でも建築家でもない、アーキテクトという在り方の定義が明確になり、私の心の迷いもなくなりました。

そうして経営者としても、アーキテクトとしても充実しつつあるなかで、私は次なる挑戦へと歩を進めようとしていました。

〝2020年までには、海外で自分の建築を試す〟

当時の中長期計画には、そのように記されています。

実は以前から、「いつか海外で活動してみたい」という思いはありました。自分たちがやってきた建築の良さを、世界に発信したいと考えてきました。

それが最初に実現したのは、２０１４年です。

青年会議所の活動を通じ、台湾の台北市との国際交流を行ってきたのが縁となり、台湾で開催されたデザインエクスポ「Japanese Design Exhibition in Taiwan 2014」への出展を果たしました。

ちょうどメタフを設立したタイミングで、「台湾に日本の建築のすばらしさを届けたい」と望むパートナーが現れ、別荘の建築や、美術館建設のコンペティションへの参加といった活動をするようになっていました。

台湾の住宅はＲＣ（鉄筋コンクリート）造が多く、建設にとにかく時間がかかります。それより建設が容易で、かつ強度を兼ね備えた木造住宅があれば、きっと普及していくのではないか。そう考えていました。

そうしてしばらくは、台湾をベースとして活動していました。

その一方で、すばらしい建築が数多く残るヨーロッパに対する憧れがあり「いずれはヨーロッパに出展する」という目標をもっていました。

それが思わぬ形で叶うことになるとは、当時は想像もしていませんでした。

海外から届いた「迷惑メール」

2017年、晩秋の頃。

ひんやりとした秋風が吹き荒び、冬の足音が響き始めていました。

出社してパソコンの電源を入れ、メールを確認すると、1通の迷惑メールが届いていました。

(全部英語じゃないか、どこの国から来たメールか知らないけれど、これじゃあ迷惑メールです、って名乗っているようなものだ)

私は早々にそのメールを削除しようとマウスに手を伸ばしましたが、いったいどこの国から送られてきたのかがひっかかり、何気なくタイトルを読んでみました。

「デザイン……コンペ……デザインアワードコンペティションか。ん? これって……」

メールを開封すると、本文もやはり英語で書かれています。

〝グッドデザイン賞を通じ、あなたの作品について知りました。「Quarter 小径がつながりを見せる家」はすばらしく、感銘を受けました。ついては、イタリアで開催される国際的なコンペティション、A' Design Award & Competition(エーダッシュデザインアワード&コンペティション)に招待したいと考えています。審査はありますが、私は受賞の確率が非常に高いと思っています。ぜひチャレンジしてみてください〟

「…………」

翻訳ソフトの力も借りて、できるだけ正確に内容を把握したつもりですが、何度読んでも、それは「招待状」にしか見えませんでした。

エーダッシュデザインアワードは、優れたデザイナーやデザインコンセプト、プロダクト、サービスなどを表彰する、世界最大級のコンペティション。建築デザイン、プロダクトデザイン、インダストリアルデザイン、コミュニケーションデザイン、サービスデザイン、ファッションデザインなど100以上の応募カテゴリーがあり、約100カ国のデザイナーが参加する、まさにデザインの祭典です。

作品はそれぞれの分野における専門家や識者で構成された約200人の審査員団によって評価され、審査を通過した作品に対し、プラチナ、ゴールド、シルバー、ブロンズ、アイアンの賞が贈られます。

そんな貴重な、世界からの招待状を、私はあろうことか迷惑メールと勘違いして捨てようとしていたのです。

私にメールをくれたのは審査員の1人でしたが、彼の「受賞の確率が非常に高い」という言葉を、どこまで信じていいものか悩みました。

(まあ、仮にだめだったとしても、失うものは何もない。とりあえずこのメールを信じてみよう)

そう決断し、さっそくプレゼンテーション用の資料作成に取り掛かりました。設計コンセプト、デザイン機能、社会に対してのアプローチ……。あらゆる意図をしっかりと記し、英語が堪能な社員に何度もチェックしてもらいました。

1週間ほどで資料は完成し、さっそくエーダッシュデザインアワードのウェブサイトから応募しました。

審査は、翌年の3月から行われる予定であり、しばらく期間がありました。最初はどきどきしながら、何らかの連絡が入るのを心待ちにしていましたが、1カ月、2カ月と過ぎていくと、さすがに興奮は薄れていき、実際に審査が始まった3月には、日々の忙しさに押し流される形で、アワードの存在は頭の片隅へと追いやられていました。

授賞式への招待状

再び動きがあったのは、2018年4月でした。

〝エーダッシュデザインアワード　審査結果のお知らせ〟

そんな飾り気のないタイトルのメールが1通、ひっそりと届いていました。

「そうだ！　応募していたんだ」

それまですっかり忘れていたことを、少々申し訳なく思いつつ、どきどきしながら、開封し、本文を読むと……。

〝応募されました作品が、審査を通過し、ブロンズ賞を獲得しました〟

初めは信じられず、英語の読み間違いかと思いました。

しかし、何度読んでも同じでした。

「やった……、やったぞ！　ブロンズ賞だ！」

うれしくて、思わず席から立ち上がり、声を上げていました。

そんな私を、社員たちが驚いた様子で見つめています。

こうして私は幸運にも、国際的なアワードでの受賞というこれ以上ない形で、海外へと出ることができました。

6月には、エーダッシュデザインアワードの本部があるイタリアのコモで授賞式が行われ、私も招待を受けました。

それまで、毎年4月にミラノで開催される世界最大規模の家具見本市「ミラノサローネ国際家具見本市」にはしょっちゅう足を運んでいたのですが、ミラノから電車で30分の距離にあるコモまで足を伸ばすのは初めてでした。

コモは、イタリア有数の大きさのコモ湖に面した、北イタリアを代表するリゾート地として知られています。湖水地方ならではの美しい自然と、歴史のある重厚なたたずまいの建築が並ぶそのありようは、まさに世界的なデザインアワードの本拠地にふさわしいものでした。レッドカーペットを歩き、華やかなパーティーでくつろぐ時間はとてもすばらしいもので、人生の大切な思い出となりました。

近年の代表作となった、2つの物件

建築においては、1つの賞の受賞が呼び水となり、さまざまな声が掛かるようです。エーダッシュデザインアワードの招待も、2014年のグッドデザイン賞受賞が元で舞い込みましたし、エーダッシュデザインアワードの受賞後には、フランスやイギリス、ドイツといったヨーロッパの国際的なアワードから続々と招待が来るようになりました。

私はそのなかから、これぞという賞を選び、応募していった結果、10以上の海外の賞を受賞することができました。

ここで、複数の賞を受賞した、私の近年の代表作といえる物件を2つ紹介していきたいと思います。

作品名『ＶＩＬＬＡＩＲ』

【竣工】

２０１７年12月

【受賞歴】

２０１９年　German Design Award 2019/Special Mention（ドイツ）

２０１９年　A'Design Award & Competition 2019/Silver（イタリア）

２０１９年　ICONIC AWARDS 2019/Winner（ドイツ）

【概要】

建設地は山に向かう斜面を宅地として造成した閑静な住宅地の頂上です。緑に囲まれ、神戸と大阪の街を一望できます。

「この敷地を最大限に活かし、昼夜ともに眺望を楽しむことができ、静かな時間を過ごせる家。特に南東方向の、遠方に広がる情景を見たい」

それがお客さまからのオーダーでした。

そこで建てたコンセプトが、「空に近い展望の家」。建物を敷地の奥に配置して、何物にも遮られず遠くまで見渡せる設計にするとともに、下方から建物を眺めると、まるで空中に浮遊しているかのような幻想的なフォルムを描きました。

また、高台にあるとはいえ、周辺の既存建物がどうしても目に映るため、下方からの視線を遮る必要がありました。

多くの開口部をもち、広大な空間を必要とする計画でしたが、お客さまのご要望もあり、日本建築の象徴である木造（SE構法）を選択し、構造計算により耐震等級2を確保する提案を行いました。最も広いところで、7・28m×7・28m、天井高4mを確保し、南東方向には全面的に開口部を配置。この大きな内部空間を連続させ、床とテラスの高さを合わせて、テラスにはプールを平行に設置しました。この水平面により、外部と室内の空間がつながっているように見え、そのまま空へと歩きだせそうな浮遊感を際立たせています。室内から広大な景色を水盤越しに見ながら、豊かな時間を過ごせるはずです。

作品名『Ｂｒｉｄｇｅ』

【竣工】
２０１８年12月

【受賞歴】

２０１９年　German Design Award 2020/Winner（ドイツ）
２０１９年　GOOD DESIGN AWARD 2019/グッドデザイン賞
２０１９年　NOVUM DESIGN AWARD 2019/Golden Novum Design Award（フランス）
２０１９年　ICONIC AWARDS 2019/Selection（ドイツ）
２０１９年　A'Design Award & Competition 2019/Silver（イタリア）
２０１９年　BUILD Magazine's 2019 Design & Build Awards/Innovators in Design（イギリス）

【概要】

建設地は、北西・北東に中高層マンション、南西に隣家が迫り、通りを隔てた向かいには戸建住宅やアパート、中層マンションが密集した市街地でした。

お客さまからのオーダーは「外部からの視線を気にすることなく、緑を眺めながら開放的に暮らしたい」というもの。それを受け、プライバシーを守りつつも、視野の広がりがあり、自然を身近に感じられる開放的な設計を目指しました。

都市部に建つ住宅は、プライバシーを確保するために閉鎖的な設計を選択することが多いと思います。しかし、この住宅では逆転の発想で、街に開かれた木造住宅を建てるチャレンジを行いました。

プライバシーと開放性を両立するためには、住まう人と通行する人の視線の交わりを回避することが必要です。動線と視線が上下に交差する作用をもつ「橋」から課題解決の糸口を得て、居住スペースを2階に移動させました。そして、全面が道路である南側はワイドな全面開口とし、あえて門扉を設けずに、街に対して開かれたデザインとしました。

1階は主にガレージスペースで、暮らしのほぼすべては2階で完結します。

住居が高いところにあるため、住まう人と通行する人の視線の交わりもなく、さらに庇《ひさし》やバルコニー、正面に植えた落葉樹なども、プライバシーを守るのに一役買っています。そうして街に向かって大きく開いていつつも、道路側から室内の様子はほとんどうかがえない造りとしました。また、建物に寄り添うように植えられた多様な樹木により、四季の移ろいを身近に感じながら快適に暮らすことができます。

両作品とも、お客さまの要望にしっかりと耳を傾け、設計に取り入れています。そのうえで、世にない斬新なデザインであり、かつ住宅としての高い性能も兼ね備えている、そんな住宅になっていると自負しています。

この2作品は、アーキテクトだからこそつくれた、この時点までの私のキャリアの集大成であるといえます。

結果的に、いくつもの賞をいただくことができたのですが、私の強みは、住宅という作品を数多く手掛けてきたことです。毎年何棟もの作品を手掛け、そのなかから応募できるため、チャレンジの機会が増えます。

もし建築家として実績を積みたいなら、住宅の分野に進み、たくさんの家を手掛け、賞への応募を続けていくというのが、1つの近道かもしれません。

経営者として行いたい、3つのチャレンジ

2020年に入り、新型コロナウイルス感染症（COVID-19）の世界的な流行が始まったのは、周知のとおりです。

私個人のキャリアとしては、これまでの受賞歴が認められ、海外や国立大学の教授をはじめとする日本人数名が選出される国際審査員になることができました。

それに加え、世界的な芸術祭である「ヴェネツィア・ビエンナーレ」（Venice Architecture Biennale 2021 "TIME SPACE EXISTENCE" European Cultural Centre主催）への出展オファーも届きました。これはイタリア・ヴェネツィアで1895年から開催されている現代美術の国際展覧会であり、世界から選ばれた140人の建築家が集まります。2021年

5月に展示が始まり、私の作品も6カ月間展示されています。オープニングイベントへの参加も楽しみにしていましたが、ヴァーチャルでの参加となりました。

経営のほうもありがたいことに順調で、現在は4つの会社を経営し、グループ売上24億円を達成。関西の注文住宅会社としての知名度も向上し、陰日向になって社員たちと歩み、さらなる成長を目指しています。

ここまでが私の人生であり、アーキテクツという概念に辿り着いたいきさつです。

締めくくりとして、未来の話を少しだけしておきたいと思います。

今後、私は経営者として、3つのチャレンジをする予定でいます。

まずは、簡単に土地を探せるシステムを開発します。注文住宅を建てるにあたっての壁の1つである、「土地探し」が簡単にできるようなシステムを現在開発中です。例えば、そのシステムを使うと、Googleマップ上にカーソルを合わせるだけで「月々〇〇円で住める」というような具体的な値段が出ると面白いと考えています。最終的には、1つのアプリだけで注文住宅が一軒建つなど、注文住宅を身近な存在にしたいです。

次に、私が経営者でいるうちは、社員たちがトップに立てませんから、子会社をいくつか設立し、それぞれに社長を据えて、経営についても学んでほしいと考えています。

その内の1つとして、新たな建築会社の設立です。アドヴァンスアーキテクツの注文住宅は、値段を抑えているものがあるにせよ、全体で見ればやや高価であるといえます。私は、家が貧しかった過去や、お客さまに助けていただいた恩返しから、「安くて性能もデザインもいい家」を提供するのが使命だと考えています。アルクハウスよりもコストを抑え、お客さまに寄り添った家を建てるような会社やシステムをつくりたいのです。

最後に、家づくりは暮らしを豊かにするためのものであると考えていますが、それ以外にも生活に潤いや豊かさを届けることを幅広くデザインしていきたいと思います。

個人としては、経営者としてここまで培ってきた知見を活かし、伸び悩んでいる建設会社や工務店に対するコンサルティングができればいいと思っています。そのほかに、講演やセミナーなど、業界の活性化につながるような活動、そして建築家を夢見る学生にこれから必要とされる建築家像と必要なスキル、ノウハウを伝えていきたいと考えています。

やりたいことは、まだまだたくさんあります。

きっと私は、この先も走り続けるでしょう。

第5章

ニューノーマル時代に求められる「アーキテクト」

冬の時代を生き残る「アーキテクト」という戦略

第1章でも述べたとおり、建築家はもはや特別な職業ではありません。

全国には、コンビニの倍の数の設計事務所があると考えられ、建築士の数はさらに増加傾向にあります。一方で、建築家の活躍の場は徐々に減っており、住宅の世界では、新築の着工件数があと20年で半分になるといわれています。

そんな冬の時代において、ただ「建物の設計ができる」「おしゃれなデザインが描ける」というだけの建築家は、やっていけなくなります。

建築家を「アーティスト」だと思っている学生をよく見ます。確かに芸術的な側面はありますが、芸術の才だけでは、とても食べてはいけません。

誰もが知る著名な建築物を設計したり、世界で数々の受賞歴があったりする有名な建築家の方々は、いかにもアーティストらしく見えるかもしれません。しかし彼らは、画家がひたすら絵を描き続けるように設計ばかりやってきたわけではありません。

私が知る有名な建築家たちは、気さくで、人間的な魅力に溢れ、トークもとても面白い人ばかり。作品に加え、自分自身をしっかりと売り込むことにも長けており、アーティストでありつつ「トップセールスマン」の顔も併せ持っています。

そこまでいって初めて、この人から買いたい、この人と仕事がしたい、と思ってもらえ、世にいるあまたの建築家を差し置いて、チャンスがくるのです。

いくら設計の才能があっても、それを第三者に見つけてもらわなければ、仕事はきません。「建築の賞を取れば、注目は集まる」と思う人もいるでしょうが、私の経験からいって、1つ賞を取っても、それで一気に仕事が増えるようなことはありません。建築界のノーベル賞と呼ばれる「プリツカー賞」など、世界的な権威のある賞を獲得したなら話は別ですが、そうした賞が取れるはずもなく、かといって新人の登竜門のような賞を取っても、効果はほとんど期待できません。

純粋に設計だけを行って食べていく道は、現実的には限られています。最も確率が高いのは、ゼネコンなど大企業に就職し、設計部門で働くことです。入り口は狭き門ですが、入社さえできれば、ひたすら設計図を描いて生きていけるかもしれません。

設計をやりたいなら、設計事務所に行けばいい。そう考える人もいるでしょうが、設計事務所では、メインとなる建築家のアシスタントのような仕事が多く、給料も高いとはいえません。5年、10年と勤めても、結局は一度も設計図を描けないというケースもよくあると聞きます。

独立という道もありますが、私の知る限り、最初から設計のみで食べていける人はほぼいません。営業をかけてお客さまに見つけてもらわなければ、チャンスすらないのです。

では建築業界で、設計をやりつつ生き残るには、どうしたらいいか。

その問いに対する私なりの答えが、「アーキテクトになること」です。

住宅という領域において設計と施工、マーケティングまで横断的にこなすアーキテクトとなったなら、活動の場は一気に広がります。設計に加え、工事、マーケティング、コストコントロールまでできるアーキテクトという存在は希少で、その分収入も得やすくなります。自分で会社を興したなら、依頼の分だけ設計をこなし、キャリアを積んでいくことができ、賞へ応募するチャンスも増えます。

ニューノーマル時代の、住宅の在り方とは

コロナ禍により、「ニューノーマル」時代に入ったといわれます。

企業はＤＸ（デジタルトランスフォーメーション）への対応を進め、リモートワークやオンライン業務が増加し、オフピーク出勤や自動車出勤が注目されるなど、働き方が大きく変わってきています。

それに伴い、人々の生活様式も一変しました。在宅勤務が増え、家にいる時間が延びたのです。ここで「家にいながら仕事ができる」ことが明確になったなら、コロナ禍が落ちついても、在宅ワークを望む人が多くなると想像できます。少なくとも以前より、働き方

が多様化するのは間違いありません。

そんな暮らしの変化の影響をダイレクトに受ける建築物が、住宅です。人々が住宅に求める要素は、近年急激に変わってきています。

2020年に、株式会社vacancesが実施した、「コロナ時代の理想の家」についての調査があります。世帯年収800万円以上で小学生以下の子どもをもつ保護者を対象に、さまざまな質問を投げかけています。

「新型コロナウイルスの流行は、家に対する考え方を変えましたか?」との質問には、67・9%が「はい」と回答。その理由として「より過ごしやすくかつ魅力のある家にしたくなった」「家族が在宅勤務する時間が増え、プライバシーを守るために部屋数が多いほうがいいと感じた」といった声が上がっています。

また、「新型コロナ流行前の、家に求めていた理想像を教えてください」との質問に対し「通勤・通学が便利な立地(42・2%)」「広さ・間取り(22・2%)」「耐震性や耐久性(15・3%)」「資産価値(13・6%)」「外観デザイン(5・5%)」という要素が出ました。しかし「新型コロナウイルス流行後の、家に求める理想像を教えてください」と質問したところ、「在宅勤務スペースの確保(36・8%)」と回答した人が最も多く、次いで「遊べる空間がある(24・5%)」「趣味に没頭できる空間(12・3%)」「内観デザイン(11・1%)」「庭や緑を感じられる(10・9%)」と続きました。

この結果を見る限り、新型コロナ流行前には立地や性能、資産価値、外観といった客観的な良さが求められていましたが、新型コロナ流行後には在宅勤務のしやすさや、遊びの空間、内観、庭や緑といった主観的な良さが求められるようになったといえます。

住宅市場の8割は、中小企業が支えている

住宅の客観的な良さについては、例えば立地なら「主要駅に近い」、資産価値なら「都心の一等地」など、ある程度の目安が存在します。しかし、在宅勤務のしやすさ、遊びや趣味に没頭できる空間といった主観的な良さは、人によって千差万別です。

したがって、ニューノーマル時代の住宅はより多様化すると考えられ、住む人の気持ちに寄り添った家を建てられるつくり手だけが、生き残っていけると私は考えています。

その意味で、これまで住宅市場の主要プレイヤーであったハウスメーカーは、ビジネスモデル的に苦戦を強いられるかもしれません。前述のとおり新築のマーケットが縮小し、さらに同じ形、同じ性能の家を工場で大量生産するというモデルが、もはや時代の求める価値観にそぐわぬものになっているのです。

そして、ハウスメーカー後退の受け皿となるのが、工務店をはじめとした中小の業者で

す。小さな組織がアメーバのようにつながり、多様性が進む日本の家づくりを支えるようになると私は見ています。

実は住宅業界は、大手企業による寡占にさらされていない、数少ない業界の1つです。国家予算の半分近くである45兆円という市場規模をもちながら、すでにその8割は中小企業によって支えられており、今後も中小企業のシェアは伸びていくでしょう。少子高齢化などの影響で新築の数は減っていきますが、人には必ず住む場所が必要です。リフォームや介護住宅など、新たな市場も拡大しています。

ですから、中小企業にはまだまだチャンスがあります。

アーキテクトとなることで「ニューノーマル」時代にも活躍できる可能性が高いのは、間違いのないところです。だからこそ、設計専門の建築家になるより、アーキテクトの能力を身につけて、日本の家づくりを支える存在を目指してほしいのです。

「設計に強い工務店」にアーキテクトへの道がある

設計と施工、マーケティングまで手掛ける、アーキテクト。

優れたアーキテクトになるには、デザイン力に加え、工事管理、積算といった施工に関する知識、コミュニケーション力や現場調整力が求められます。さらに独立を考えるなら、事業構築、マーケティング、マネジメントなどの経営能力も必要です。

その意味で、アーキテクトは非常にクリエイティブな仕事であるといえ、誰もがすぐに手が届く仕事ではありません。

では、どのようにしてアーキテクトを目指せばいいのか。

前提として、建築士と建築施工管理技士の資格は取っておく必要があります。

そのうえで最も効率的なのは、設計から竣工まで、お客さまと一緒に家づくりができる環境で働くことです。

私のように、施工側からキャリアをスタートして次第に設計を手掛けるようになるという道もありますが、最初から設計も施工も強い会社に入れば、アーキテクトに必要な経験もまとめて積めるはずです。

設計側から入るという方法も考えられますが、施工も手掛ける建築設計事務所の数はそう多くありません。施工部門のある規模の大きな建築設計事務所に入っても、そもそも設計を担当する機会が少ない可能性があります。実際に私の事務所のアーキテクトたちも、建築設計事務所の出身者ばかりですが、最初は主宰する建築家のアシスタント業務が大半で、設計には関われず、お客さまと接することもできなかったようです。

ゼネコンやハウスメーカーなど大手の設計部門に入っても、設計を1人で担当し、お客さまと対面できるようになるまでには、相応のキャリアが必要です。そこからさらに施工を学んでいかねばなりませんから、やはり時間が掛かりそうです。

設計と施工の両方を手掛けるといえば工務店ですが、基本的に工務店が得意としているのは施工であり、設計については外部の建築家に任せているケースもよく見られます。設計を手掛けているところも、例えば受賞歴があるような設計者がいることはほとんどないようです。

こうした事情から、アーキテクトを目指すなら「設計力の高い工務店」を探すというのが、最もおすすめですが、その数は多くはありません。私が独立した2002年の時点で、設計に力を入れている中小の工務店など、ほぼ存在していませんでした。

10年ほど前から、「設計工務店」という謳い文句のもとで設計を重視する工務店が現れ、近年ようやくその数が増えてきた印象です。まずはホームページやSNSなどを見て、設計力を自らの強みとして前面に打ち出している工務店を探してみるといいでしょう。

お客さまとの接点は、多いほうがいい

理想の工務店と巡り合えても、いきなり自分の好きな建築ができるわけではありませ

ん。なぜなら、事業全体を統括するアーキテクトが最も大切にするべきは、自己満足よりも顧客満足だからです。

お客さまの意向を最大限に汲み取り、その理想を具現化しつつも、自らの個性をしっかり表現して世にない新たな建築を生み出すまでには、それなりのキャリアを要します。たとえどれほど設計能力が高くとも、お客さまから信頼され、その心に寄り添い、イメージを引き出す作業ができないと、アーキテクトとして一流とはいえません。

多くのお客さまにとって、家づくりは一生で最も高額な買い物であり、その設計から施工まですべてを任せられる以上、相当な信頼関係が必要です。「あなたの好きに建ててほしい」そんな言葉をもらい、自分の好きな設計が試せるようなチャンスは、お客さまから信頼される人間力があってこそ、巡ってくる幸運なのです。

人間力を磨くには、とにかくお客さまと数多く触れ合うしかありません。

それぞれ異なる価値観と向き合い、各個の意見に耳を傾け、時に夫婦げんかの仲裁に入って、お客さまとのコミュニケーションを深めていく。そんな経験を重ねるうち、次第にお客さまの心に寄り添う能力が高まり、ベストな提案ができるようになります。そうしてつぼを押さえた提案をするほど、お客さまからの信頼は高まります。そこまでいってようやく、お客さまの夢や希望を現実のものとしながらも、自分らしい建築ができるようになっていきます。

したがって入り口としては、お客さまとできるだけ多く接する環境があるかどうかが、アーキテクトとしての成長を左右する要素であるといえます。

住宅は量から質の時代へ

日本の一般的な住宅において、気密性や断熱性といった性能が、先進国のなかで最低の水準であるのをご存じでしょうか。

例えば冬に、窓が結露し、たくさんの水滴が付いているのを見たことがある人は多いはずです。それが当たり前になっているのが、まさに日本の住宅の性能の低さを表しています。欧米では、結露が起きれば「気密性、断熱性に問題がある」として、施工者の責任が問われます。それくらいレベルの開きがあるのです。

日本の住宅は、欧米に比べれば、冬は寒く、夏は暑く、それを解消するために余分なエネルギーコストも掛かってきます。

こうした性能の低い住宅が蔓延したのには、理由があります。

戦後、焼け野原となった日本では、住宅の数が著しく不足していた時期がありました。高度経済成長期に入り、完全に復興を果たしてからも、大都市に人口が集中したことでやはり住宅不足が続き、政府はそうした状況を打開すべく、1966年に「住宅建設計画法」とそれに基づく「住宅建設五箇年計画」を策定しました。この法律は、かいつまんでいえば公的資金によって住宅の建設をサポートするものであり、住宅の「量」を確保するという目的がありました。そしてこの法律は、2005年までの約40年にわたり効力を発揮し続けてきました。すなわち、日本の住宅政策は、戦後から2000年代に入るまで、ずっと「質より量」を重視するものだったわけです。

その路線がようやく改められたのが2006年であり、質の高い住宅を建ててストックし、世代を超えて長く大切に使うことを狙いとした「住生活基本法」が施行されました。ここで、それまで一般的に行われてきたスクラップアンドビルドという住宅供給の流れが弱まり、「量から質へ」の転換が図られました。

とはいえ、逆にいえば2006年以前に建てられた住宅の多くは、質より量の考え方を基に建てられたものであり、残念ながら性能の低いものがまだまだたくさん存在します。それが、「日本の住宅の性能は最低水準」といわれる所以であり、決して住宅づくりの技術が劣っているわけではないのです。

そして2021年4月には、建築物省エネ法の改正によって住宅の省エネ性能については建築士から施主への説明が義務付けられるようになりました。建築士は、住宅の性能の説明や、省エネ基準を満たしているかなどを、施主に示す必要があります。あくまで説明の義務が生じただけで、一定以上の基準を満たすのが義務化されたわけではないのですが、事業者に対し質の高い住宅を要求する声は今後も大きくなり、いずれはいい家を建てることが国の義務となるはずです。ここまで「質より量」でいいかげんなビジネスを行ってきた事業者は、遠からず淘汰されていくでしょう。

これからの家づくりを考えるうえで、耐震性や省エネ性を高く保つのはもはや前提としなければいけません。その点においても、意匠だけをひたすら追求する芸術肌の建築家より、デザインと性能を両立させ、それを無理なく現実のものにできるアーキテクトのほうが、より社会から求められる存在になりそうです。

デザインの力で、街の風景を美しく変えていく

「住生活基本法」では、住宅を単なる個人の所有物とは考えず、周辺環境の整備や街づくりと密接に関係したものとして扱われています。地域の防災、美しさ、自然環境の保護といった観点から、地域に応じた特性をもった住宅を建てることが推奨されています。

逆に、周辺環境と融和した住宅を建てることで、景観が確保され、街並みも美しく整い、結果的にその地域に立地する住宅の価値が高まるというケースもあります。

家づくりの担い手は、そうした周辺地域との関わりにも意識を払い、総合的なデザインを心掛ける必要があります。

例えば地域にあるすべての工務店が、SE構法を取り入れ、構造計算を行ったうえで安全性の高い家を建てるようになったら、その地域の住宅の安全性が全体的に高まります。アーキテクトとして、施工だけではなく設計にも力を入れるようになれば、モダンでおしゃれな家が地域全体に流通し、地域のブランド力が上がるでしょう。

私が、高性能でありつつデザイン性の高い家を、少しでも安く販売したいと思っているのは、それを地道にやり続け、お客さまが増え続けることで、日本の景色がより美しくなるのではないかと考えているからです。

そんなムーブメントを、工務店から起こしていけたらいいのですが、現実はなかなか厳しいものです。不動産業者やデベロッパーからの仕事は価格の安いものが多いにもかかわらず、ビジネスとしてやらざるを得ない工務店がたくさんあります。そうした状況下では、性能やデザインにこだわりたくても、コスト面で採算が合わず、どこかで妥協せざるを得ません。私も同様の環境で働いてきましたから、その裏にある忸怩《じくじ》たる思いも、よく分かっているつもりです。

だからこそ、私は性能とデザイン性を兼ね備えたローコスト住宅の開発に力を注いでおり、完成したあかつきにはそのノウハウのすべてを公開します。それによって少しでも業界が活性化され、それが日本の景観を美しく変える一助となると信じています。

アーキテクトになれば、人生の選択肢が広がる

現在、住宅業界で急務となっているのが、若い世代の育成です。

ゼネコンやデベロッパー、ハウスメーカーといった大手企業に人気が集中する一方で、工務店や地域の業者に就職する若者の数は、低迷が続きます。

その結果、大工さんや協力業者さん、そして工務店の経営者まで高齢化が進んできており、60歳を超える人が多くいます。前述のとおり、日本の家づくりの8割以上は中小企業によって行われていますから、住宅業界全体が高齢化の波にさらされているといっても過言ではないのです。

私の見る限り、クリエイティブな仕事を望む若い世代は特に、工務店で働くことに抵抗があるようです。それはきっと彼ら彼女らのなかで、施工を専門に行う「昔ながらの工務店」の泥臭いイメージが強くあり、設計やデザインという仕事ができないと勘違いされているせいだと思います。

住宅業界を、若い世代が「おしゃれ」「スマート」というイメージを抱くような業界に

するには、アーキテクトという存在がもっと表に出て、自分たちの仕事がいかにクリエイティブでやりがいのあるものかを、発信していく必要があります。

その下地として、私はアーキテクトの育成に力を入れているのですが、アーキテクトを育てるためには、設計と施工の両方が学べる環境がなければなりません。

ここのところ私と同じ世代の工務店の経営者で、設計にも非常に力を入れている人が増えてきたと感じます。そうした人材がもっともっと増えてほしいと思います。

アーキテクトの先にある道としては、建築実績を基に数々の賞にチャレンジして作家活動に力を入れたり、経営者として会社の成長を目指したり、知見を活かして後進の育成やコンサルティングを手掛けたりと、いくつもの選択肢が出てきます。

私が現在、歩んでいるのは「起業家ときどきアーキテクト」という道です。起業家として複数の会社を立ち上げ、日常の多くは経営者として過ごしています。一方で、メタフという個人事務所を通じ、ときどき設計の仕事もしています。

ちなみに私は、経営者モードのときはスーツを中心としたフォーマルな服装、設計者モードのときは、カットソーとパンツにジャケットなどカジュアルな服装をしています。そうして装いを変えることで、自分のなかでモードが切り替わります。

アーキテクトとなったら、そこから先はどうあろうと、自由です。多くの人が、二足や三足の草鞋《わらじ》を履くことになるでしょうから、「経営者だから常にこうあるべき」「建築家はこうでなければいけない」といった1つの観念にとらわれず、「経営者ときどき設計者」のように、自分なりの心地良いバランスで人生を歩んでいけばいいと思います。

探求心が、未来を切り拓く原動力となる

インターネットの普及以来、世の中が変化するスピードがずいぶんと速くなったように感じます。世界中の情報がリアルタイムで入るようになり、私たちは常にネットに接続し、情報とともに生活しています。

そんななか、住宅の在り方もまた、急速に変化し続けています。「量から質へ」と価値観が変わるのに40年もかかったのが嘘のように、ここ数年で新たな居住スタイルが続々と誕生してきました。

最近注目しているのは、「サブスク住宅」という言葉です。

商品やサービスに対する利用料を支払い、一定期間自由に利用できる「サブスクリプション」というビジネスモデルを、住宅に転用することで生まれた「サブスク住宅」。いわゆるマンスリーマンションのような契約形態で、利用者は毎月一定の家賃を支払うことでその会社が所有するどの物件であっても自由に泊まることができる仕組みとなっていま

す。すでに家具や家電が設置され、ネット環境も整っている物件がほとんどなので、契約次第すぐに入居して住み始めることができます。運営会社によっては、海外の物件まで利用できるところもあるようです。

「サブスク住宅」は、都心を拠点としつつも地方にも住んでみたい人や、全国を巡りながら仕事をしたいノマドワーカーにはぴったりのサービスといえます。

住宅のほかにも、オフィスや車、服など、「モノを所有せずシェアする」という価値観はどんどん広がっています。

その流れを見ていると、今後はさらに新築の住宅に対するニーズが減り、中古やリフォームといった市場が大きくなるのは間違いないでしょう。

そうして「いろいろな場所に自由に住みたい」という価値観がある一方で、「家に居ながら別世界を体験したい」と考えている人も多いと思います。

住宅というハードそのものを移動するのは難しいですが、ソフトさえあれば、家に居ながらさまざまな体験ができるようになります。例えば、窓がスイッチ1つでシームレスな大画面に変わり、スイスの山奥に建つホテルからの絶景へと変わるシステム。音や空気まで再現すれば、きっとそこに行った気分を味わえるはずです。新型コロナの影響や超高齢社会の問題などの不安な状況のなか、バーチャルでよりリアルな体験が建築で実現できれば、体力にかかわらず楽しめて、暮らしも豊かになります。

それもまた、住宅や建築の新たな可能性であるといえ、いずれはその技術を前提とした家づくりが当たり前になるかもしれません。

ですから家のつくり手は、現状に満足することなく、常に未来に目を向け、新たな住宅の形を追求し続けていく必要があります。

探求心こそ、自らの将来を切り拓く原動力である。

私はそう思っています。

エピローグ

人生の、転機――。

それは時に、予想もつかない形で訪れるものです。

2006年の春。

桜の花がちょうど咲き始め、肌をなでる柔らかな風が心地良くて思わず眠くなってしまうような昼下がりに、私の運命は大きく動きだしました。そこから私が歩んだ、紆余曲折に思えた道は、実は「アーキテクト」という在り方に辿り着くために通らねばならぬ、唯一の道であったと今は感じます。

そして2021年の春。

私は、とあるカフェで人を待っていました。

年賀状や暑中見舞いといった節目の挨拶は途絶えたことはないにせよ、その人物と会うのは実に久しぶりです。

待ち合わせた時間ぴったりにカフェの扉が開き、そこに現れた1人の紳士。

昔と変わらず、ハイブランドのジャケットがよく似合います。パンツは細身のジーンズで、磨き上げられた革靴は茶色。そのたたずまいは、15年前より幾分穏やかかもしれません。

「待たせたね」

「いえ、私も今来たばかりです」

2人でアイスコーヒーを注文し、その到着を待つ間も惜しく、私は話し掛けました。

「本当にお久しぶりです。Tさんは、ぜんぜん変わりませんね」

「そうですか。初めてお会いした時から、じいさんになっただけでしょう」

「私にとってはずっと、最高にかっこいい紳士のままです」

「はは。私の話はいいですから。松尾さんは、ずいぶん変わりましたね」

「え、そうでしょうか。やはり老けましたか」

「いやいや」

そう言うと、Tさんは私をじっと眺めて言いました。

「どうやら、たくさんの経験を積まれたようですね」

アイスコーヒーがやってきました。

私はさっそくグラスに手を伸ばし、春の陽気で渇いた喉を、潤しました。

「松尾さん。私の家は、あなたの成長に少しは役に立ちましたか」

「Tさんとの出会いから、私の人生は大きく変わりました。あの家を建てていなかったら、今の私はないでしょう」

Tさんは、うれしそうにほほえみました。

「私と出会った頃よりも、ずっとすばらしい建築家になったのですね」

私はグラスを置き、Tさんと視線を合わせました。

「実は建築家は、辞めたんです」

「え！　辞めた……では何を……」

唖然とするTさんに、私は少し胸を張って言いました。

「アーキテクトを、やっています」

外で一陣の風が吹き、桜の花びらを巻き上げて、ガラス越しの世界が一瞬、淡い紅色に染まりました。

花のあとには新緑が芽吹き、新たな装いに身を包んだ桜の木は、太陽へとその葉を伸ばし続けます。来年また、新たな花を咲かせるために。

アーキテクト【architect】

〈名詞〉

1. 建築家、建築士、設計者
2. 〔the ～〕（…の）考案者、創造者、製作者
3. 一説によると、「設計図を描き、建物を一から建設する者」であるという

〈他動詞〉

～を設計する

おわりに

「建築家として成功するためには、何をすればいいですか」

面接や会社説明会に参加してくれた学生から、私が最もよく受ける質問の1つです。

自分には、設計の才能があるのか。

どうすれば、建築の道で生きていけるのか。

私も含め建築家を志すあらゆる人が、一度は不安に思うことです。

質問に対し、私はいつもこう答えます。

「成功するまで、諦めないこと。それしかありません」

自らの才能というのは、結局試してみなければ判断がつきません。

さらに厄介なのは、何の才能がどんな時代に花開くのかも分からないことです。たとえ若い時代に不遇であっても、晩年に大きな成功を収める人はそれこそ星の数ほどいます。時代や環境の変化で、思わぬ才能に目覚めることも十分に考えられます。

そう考えると、才能とは極めて不確実なものであり、最初から当てにしないほうがいいのです。

これは「自分には才能がない」と決めてかかったほうがいいということではありません。「どんな才能があるか分からないけれど、いずれきっと成功するだろう」というとらえ方で、さまざまなことにチャレンジしていく。それが正しい在り方です。

時には失敗もするでしょう。

壁にあたり、苦しい思いをするでしょう。

しかし、そこで諦めてはいけません。

諦めてしまった時点で、自らに眠る才能の芽は、枯れていきます。

逆にいえば、諦めない限り、人はいつか必ず成功できます。

なお、諦めずに物事に取り組むためのポイントは3つあります。

まずは、「目標やゴールをしっかりイメージして、今やるべきことを積み重ねる」。目標やゴールが明確なほうが、モチベーションが維持しやすいです。

次に、「できないと言わない」。やる前は「とても無理だ」と感じることでも、やってみれば意外になんとかなるものです。そうして自分の限界の上限を乗り越えた経験があるほど、壁にぶつかっても諦めずにチャレンジできるようになります。

そして最後は、「面白がる」。自分にとって関心があったり、面白かったりする物事を簡単に投げ出す人はいません。興味の湧かない仕事でも、面白そうな部分を見つけ、「どうせやるなら楽しもう」と前向きに取り組んでみてください。

建築業界に入ったら、最初はきっと、理想と現実のギャップを感じるかもしれません。それに意気消沈し、「自分がやりたいことができないから」と辞めてしまっては、未来を切り拓くことはできません。

新人のうちは特に顕著ですが、仕事の多くは、「やりたくないもの」でできています。どんなに憧れの職業に就いても、業務のすべてを愛することなどできません。

しかし実は、自分にとって「関係ない」「苦手だ」と思うような物事こそ、成功への扉を開く鍵となります。

私ももともと、建築家になりたくて、設計図が描きたくて、この業界に入りました。ところが入ってみると、いつまで経っても設計はできず、現場監督という設計とは対極にある仕事ばかりしていました。そしてその経験こそ、アーキテクトという概念に辿り着くための鍵でした。

設計を手掛けるようになっても、若かりし日に思い描いた姿とはほど遠い自分に、落ち込むばかり。トラブルで己の無力さを知り、「死にたい……」と思ったこともあります。

それでも踏みとどまり、「なんとかなる」と諦めず、チャレンジを続けていたところ、いつの間にか少しずつ、理想の自分に近づいていていたのです。

最近になって、本当にやりたい仕事が実現できるようになりました。

貧しかった幼少時代、親が自己破産して自宅を手放し、戻る家がなくなったことがありました。そこで感じた、心細さ、寂しさは、いまだに心に残っています。

二度の大震災の経験から、安全を守るはずの家が凶器に変わるさまを目の当たりにし、トラウマとなりました。

お金がないから、性能の低い家にしか住めない……。

そんなことはあってはならない。

私が必ず、変えてみせる。

そう強く思い、ここまできました。

できる限り安価で、高性能で、デザイン性の優れた家を、つくり手の技量が低くとも建てられるようなシステムを構築する。それが私の使命であると感じています。
そうして世にない仕組みを生み出し、建築で社会を変えていく――。
アーキテクトとなったなら、そんなスケールで仕事ができるようになります。
どうか諦めることなく、チャレンジを続けていってほしいと思います。

最後に本書は私が経験した実話を下書きにしていますが、物語を彩ってくれている登場人物などに関しては、読者の方々により楽しんでいただけるよう、多少デフォルメしています。これまでいくつかの試練はありましたが、その後には必ずチャンスをいただきました。その経験の背景には多くの方々との出逢いや支援があります。

また、幼い頃から苦労はしたものの「正直に生きなさい。社会や人の役に立てる人になりなさい」と愛情を注いで育ててくれた両親や、家を留守にすることも多かった無謀な私の挑戦を支え続けてくれた家族。決して優れた経営者ではない私を信じ、ともに成長を支えてくれたスタッフ。明るい未来を創造しながらともに活動してきた経営者の仲間たち。そして、過去も現在も私たちの家づくりに共感していただき、人生の大切な仕事のパートナーとして選んでくださったお客さま。私たちは皆さまのご理解とご協力によって成長できたことをうれしく思い、心より感謝を申し上げます。

松尾享浩（まつお みちひろ）
Michihiro Matsuo

起業家・アーキテクト
1973年生まれ。一級建築士。一級建築施工管理技士。高校卒業後、大手建設会社や住宅会社で施工管理に従事し、建築士の資格取得後20代で起業。その後、独学で設計やデザインを習得し、独自の注文住宅ブランドを確立する。また、起業家として４つの会社を立ち上げ、その代表を務めるなど、従来の建築家の枠に収まらず、マネジメント・プロデュース・販売戦略・経営などを多角的に手掛ける「アーキテクト」として活躍。作家としても、木造に特化した住宅・別荘などの建築設計を手掛け「A′ Design Award & Competition」をはじめ海外で10を超える建築の賞を受賞。受賞歴が評価され、国際審査員を務めている。現在は、経営者および学生への講演や講義を積極的に行い、次世代の「アーキテクト」となる人財の教育にも力を入れている。

奥行きの家

Residential Lighting Awards 2007／地区優秀賞［パナソニック主催］
LIXILメンバーズコンテスト2007／地域最優秀賞［LIXIL主催］
延床面積　256.25㎡［77.5坪］（ガレージ含）
構造　木造［SE構法］
規模　2階建て
竣工年月　2007年5月

Quarter　小径がつながりを見せる家

German Design Award 2019 ／ Special Mention
［The German Design Council 主催］

A′ Design Award & Competition 2018 ／ Bronze

GOOD DESIGN AWRAD 2014 ／グッドデザイン賞
［日本デザイン振興会主催］

LIXILメンバーズコンテスト2015 ／敢闘賞［LIXIL主催］

延床面積　152.72㎡［46.1坪］

構造　木造［在来工法］

規模　2階建て

竣工年月　2014年5月

GOOD DESIGN

VILLAIR

ICONIC AWARDS 2019 ／ Winner［The German Design Council 主催］

A′ Design Award & Competition 2019 ／ Silver
［OMC Design Studios SRL and its spinoffs 主催］

German Design Award 2019 ／ Special Mention
［The German Design Council 主催］

LIXILメンバーズコンテスト2018 ／地域特別賞［LIXIL主催］

延床面積　453.60㎡［137.2坪］（ガレージ含）

構造　木造［SE構法］

規模　3階建て

竣工年月　2017年12月

Bridge

German Design Award 2020 ／ Winner
［The German Design Council 主催］

GOOD DESIGN AWARD 2019 ／グッドデザイン賞
［公益財団法人日本デザイン振興会主催］

NOVUM DESIGN AWARD 2019 ／ Golden Novum Design Award

ICONIC AWARDS 2019 ／ Selection［The German Design Council 主催］

BUILD Magazine's 2019 Design & Build Awards ／ Innovators in Design
［AI Global Media, Ltd. 主催］

A' Design Award & Competition 2019 ／ Silver
［OMC Design Studios SRL and its spinoffs 主催］

延床面積　203.57㎡［61.5坪］（ガレージ含）

構造　木造［SE構法］

規模　2階建て＋PH

竣工年月　2018年12月

ST

A′ Design Award & Competition 2020-2021 ／ Bronze
［OMC Design Studios SRL and its spinoffs 主催］

延床面積　239.51㎡［72.4坪］（ガレージ含）

構造　木造［SE構法］

規模　2階建て

竣工年月　2020年

Gap

A′ Design Award & Competition 2020-2021 ／ Silver
［OMC Design Studios SRL and its spinoffs 主催］

延床面積　266.31㎡［80.5坪］（ガレージ含）

構造　木造［SE構法］

規模　2階建て＋PH

竣工年月　2021年3月

本書についての
ご意見・ご感想はコチラ

新世代建築家《アーキテクト》への道

2021年6月30日　第1刷発行

著　者　　松尾享浩

発行人　　久保田貴幸

発行元　　株式会社 幻冬舎メディアコンサルティング
〒151-0051　東京都渋谷区千駄ヶ谷4-9-7
電話　03-5411-6440（編集）

発売元　　株式会社 幻冬舎
〒151-0051　東京都渋谷区千駄ヶ谷4-9-7
電話　03-5411-6222（営業）

印刷・製本　瞬報社写真印刷株式会社
装　丁　　都築 陽

検印廃止

Printed in Japan
ISBN 978-4-344-93132-9 C0095
幻冬舎メディアコンサルティングHP
http://www.gentosha-mc.com/